日下を、なぜクサカと読むのか

地名と古代語

筒井 功

河出書房新社

はじめに

この小著が、どのような言葉を取上げようとしているかは、目次をご覧いただくと、おおよそはわかっていただけると思う。そこにはありふれた現代語もあれば、いまではもう耳どおくなってしまい、死語に近くなったものもまじっている。ただし後者の場合でも、例外なく日常言語として広く使われていた時代があった。すなわち、一部の人びとだけが知る特殊な言葉は含まれていない。

本書は、それらの語の原義、かつてはもっていたのに忘れられてしまった意味を再現することを目的にしており、その方法として地名を用いている。

その具体的な手順は本文にゆずるしかないが、ここではまず、分析に際してはつとめて小地名をえらぶように心がけたことを記しておきたい。地名というのは、指す範囲がある程度、狭くなければ、そこの特徴をつかむことが難しいからである。

地名を扱った著述の中には、広域地名あるいは、それに準ずるような地名のみを対象にしているものが少なくない。例えば、旧国名の武蔵、出雲、伊予とか那須野ヶ原のナス、能登半島のノト、屋久島のヤクなどである。

これをもっぱらにすると、どんな解釈を与えても、それに該当するところが、たいていどこかに見つかる。つまり、何でもいえることになる。わたしは、大字（おおあざ、幕末から明治時代初めにかけての村の名だと考えてよい）でさえ、地名研究の資料としては広すぎることが珍しくないと思っている。

次に指摘しておきたいのは、対象にしている一ヵ所の地名にしぼって意味や由来を求めようとする手法の危険についてである。これも恣意的な解釈に陥りやすい。得た結論が、そこにはぴたりと当てはまっても、それは偶然かもしれないからである。

この二つの落とし穴を避けるには、たとえ大地名の由来を問題にするときでも、これと同一または類似の小さな地名をできるだけたくさんさがし出し、それらとの比較が欠かせないことになる。本書では、しばしば各地の小字（こあざ）に不自然なほど言及しているが、それは右に挙げた理由によっている。

ところが、この小字という言葉自体に、なじみがない方もいるだろうし、その正確な意味となると、よくわからない人たちもいるに違いない。ましてや、これを調べるにはどんな資料があるのか、それを入手するにはどうすればよいのかなどについては、あまり知られていないのではないか。

それで本書では、この辺についても、わたしの体験に照らしてすすんで取上げることにした。すなわち、地名研究の内容のほかに、結論や推測に至る過程を、ときに細かすぎるほど説明している。その方が結局、わたしが言わんとしていることを、より理解していただけるのではと考えてのことである。

日下を、なぜクサカと読むのか

地名と古代語

◉

目次

装幀——design POOL（北里俊明＋田中智子）

日下を、なぜクサカと読むのか

地名と古代語

第一章　「日下」と書いて、なぜ「くさか」と読むのか

1　茨城県北部の「草」地名

国土地理院発行の五万分の一地図は現在、一二九一面で全国をカバーしている。これらのそれぞれに、表題が付いていることは改めて記すまでもない。

そのうちの「大子《だいご》」の部は、茨城県久慈郡大子町を中心にした地域の地図（地形図）である。五万図は行政区域を考慮して区切られているわけではないので、町域の全部を含んでおらず、また隣接する自治体の一部が、この部に入っている。

五万分の一地図とは周知のように、縮尺が五万分の一ということである。つまり、一キロの距離は地図上では二センチになる。そうして、一枚の地図が対象にする実際の距離は東西が二二キロほど、南北が一八・五キロほどである。

「大子」にかぎらず、この近辺の五万図に、「草」が付いた地名がやたらにあることにわたしが気づいたのは、もう三〇年以上も前になる。取りあえず、「大子」分の住居表示と、おおよその場所を一三ページの自製の地図によって示しておきたい。

①福島県東白川郡矢祭町下関河内《しもせきごうど》字追ケ草《おつけがくさ》
②茨城県久慈郡大子町下野宮字桐ノ草

③同県同町大生瀬《おおなませ》字三ヶ草《さがくさ》
④同町大生瀬字富ノ草
⑤同町浅川字細草
⑥同町下金沢《しもかねさわ》字大草
⑦同町大沢字切《きり》ノ草
⑧茨城県常陸太田市小妻《こづま》町字塩ノ草
⑨同県同市上高倉町字湯草《ゆぐさ》
⑩同市天下野《けがの》町字岩ノ草
⑪茨城県常陸大宮市諸沢《もろさわ》字上三ヶ草《かみさがくさ》
⑫同県同市諸沢字高間草
⑬同市久隆《くりゅう》字狢《むじな》ノ草
⑭同市高部《たかぶ》字梅ヶ草
⑮栃木県那須郡那珂川町大那地《おおなち》字矢ノ草

右のうち、①と⑤は手元の二〇〇二年修正の五万図には載っているが、一九七二年編集の同図には見えない。逆に、⑬は後者には出ているが、前者では消えている。編集作業の都合や住居表示の変更、集落の全戸離村（消滅）などで、同図に載る地名が新たに付加されたり、削除されたりするのは折り見られることである。

しかし、とにかく東西二二キロ、南北一八・五キロの区域内に「草」の語が付く地名が一五ヵ所も確認できることになる。地名にちょっとでも関心をもつ者なら、だれだって気にしないではいられまい。わたしも、そうであった。

いったい、この「草」とは何を意味しているのか、「大子」あたりの五万図を眺めるたびに、その疑問が頭の隅をかすめたものだった。だが、これといった手がかりもないまま数十年が過ぎてしまった。それがあるとき、ふと出合ったささやかなヒントによって、いっさいの不審がばらりとほどけてしまったのである。

長く地名を観察しつづけていると、このようなことはたまに経験する。日本民俗学の創始者であり、日本地名学の創始者でもあった柳田國男は『地名の研究』（初版は一九三六年、古今書院）の自序で、

「われわれの仲間では、問題解決の主要なる動力のいつでも外にあることを認めている。いかに不退の熱心をもってじっと一つの不審を見つめていようとも、いまだ時至らずして依拠すべき若干の事実が見つからないかぎりは、その疑惑はなお永く続かなければならぬのである」（仮名遣いは一九六八年発行の角川文庫版による）

と述べている。

これは地名学のもつ不幸な本質で、この道に進もうとする者とくに専門研究者が少ない理由の一つになっているかもしれない。

なお、①を例に取れば、「矢祭町」は自治体の名であり、そこには役所や議会もあれば役場の職員もいる。「下関河内」は大字で、「はじめに」でも触れたように、ほとんどは幕末から明治初めの町または村の名を踏襲した

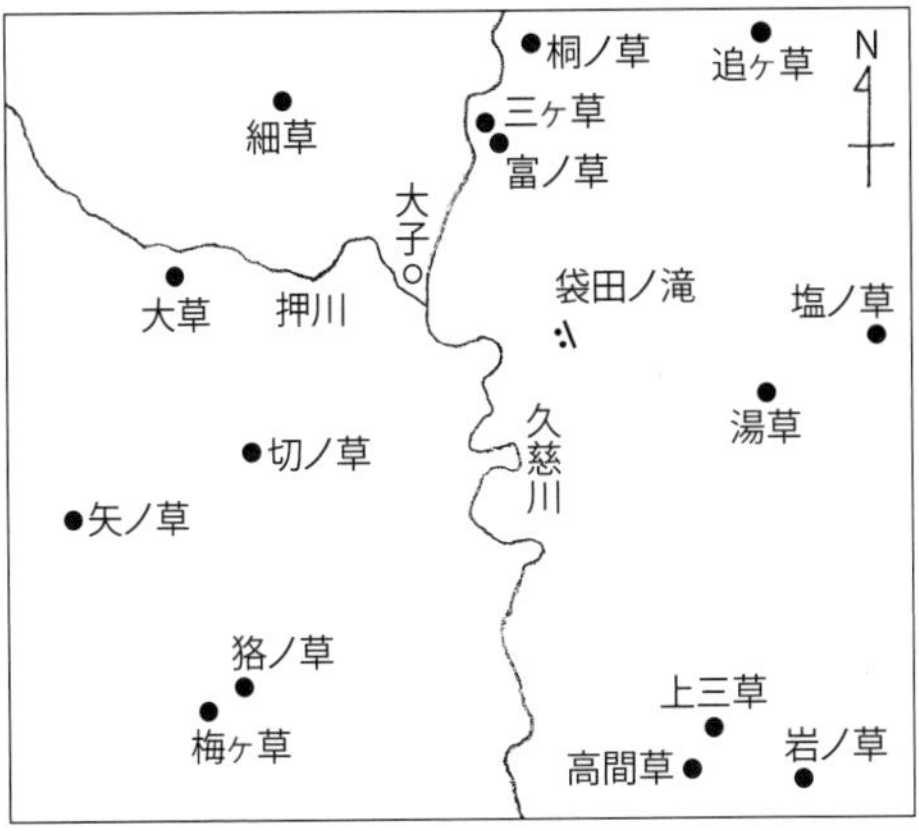

5万分の1地図「大子」の部に見える15ヵ所の「草」が付いた地名

ものである。したがって、大字の語を付した方が丁寧になるが、表記が煩雑になることを避けるため、本書では原則として「大字」の語は省略している。

最後の「追ヶ草」は小字である。小字はひとことでいえば、大字内の小地名だということになる。ただし現在、小字を行政事務では用いていない自治体もたくさんあって、たとえ五万図に載っていても、それがどこの大字に属するのか、すぐには確かめられないことも多い。

例えば、①の追ヶ草はインターネットのヤフーの地図で福島県、矢祭町、下関河内の順で検索していくと出てくるが、②の場合、茨城県、大子町、下野宮までで、その先は番地だけになってしまう。これは矢祭町と大子町とでは、小字の扱い方が違っているためである。それを補うには、②の桐ノ草が下野宮の地内に所在することを何らかの方法で確認しなければならないことになる。

小字については、これからも折りを見ては取上げることにしたい。小字は本書では「字《あざ》〇〇」と表記している。

2　道の駅「みわ」にて

五万分の一地図で、「大子」の南隣は「常陸大宮」になる。その左上端近くに「鷲子《とりのこ》」の文字が見える。茨城県常陸大宮市鷲子である。

ここの道の駅「みわ」に、わたしがふらりと立ち寄ったのは令和四年（二〇二二）十一月二日のことだった。「みわ」の名は、平成十六年（二〇〇四）まで存在していた茨城県那珂郡美和《みわ》村によっている。同村は、那珂郡大宮町などと合併して現在の常陸大宮市になった。

鷲子の一帯が、まだ美和村といっていたころ、わたしはしばしばこのあたりを訪れていた。わたしは当時、「サンカ」と民俗研究者たちが呼んでいる無籍、非定住の職能民のことを調べていた。その過程で鷲子の村はずれに、かつてこの人たちの一族が住んでいたことを知り、それでよく美和村を歩いていたのである。

令和四年秋の訪問には、とくに目的はなかった。しいていえば、近くの那珂川べりで鮎でも食べるつもりで、家内と出かけてきたのだった。そのついでに、道の駅をのぞいてみる気になったのではないかと思う。

トイレへの通路の壁に「おらが村の方言　道の駅みわ周辺（茨城弁）」と書かれた掲示板が貼られていた。アヅバル（集まる）、ヒンネ（昼寝）、コユミ（こよみ）……といった言葉が何十か並んでいる。何げなく見上げていたら、その中に、

「コサ（日陰地）」

というのがあった。

わたしは、これを目にした瞬間、数十年来の疑問が解けたと思った。それはまさしく、外部からふいに現れた「問題解決の主要なる動力」であった。

コサとクサは、音がごく近い。地名でも日常言葉でも、この程度の音の交替は簡単に起きて少しも不思議ではない。現に、このあたりの方言ではコヨミ（暦）のことをコユミというと掲示板にもあるではないか。そこにはムスグル（くすぐる）、フルシキ（ふろしき）、ヒラッタ（拾った）……などの例も見える。

要するに、わたしは先に挙げた地名に付くクサとは、コサ（日陰地）のことにほかなるまいと直感したのだった。この地方の言葉で、コサとクサとどちらが古いか、あるいは古くは、どちらがより一般的であったのか、にわかには決しがたい。あるいは、もとは普通にはクサといっていたのが、植物の草と区別するために、日陰地を指す日常語の方は、あえてコサと発音をずらしたことも考えられる。

その際、地名にはクサの音がそのまま残り、のち「草」の文字を当てるようになったのかもしれない。

とにかく、「〇〇草」の付く場所が本当に日陰地かどうか確かめてみなければならなかった。わたしは、その日のうちに草めぐりにとりかかった。そうして、翌日までの二日間で次の六ヵ所をまわったのだった。いずれも茨城県の北部である。

- 常陸大宮市高部字細草（前節⑤の大子町細草とは別。道の駅のすぐ近くになる）
- 同市高部字梅ヶ草（前節の⑭）
- 久慈郡大子町大沢字切ノ草（同⑦）
- 同町大生瀬字富ノ草（同④）
- 同町大生瀬三ヶ草《さがくさ》（サンガクサとも。同③）
- 同町下野宮字桐ノ草（同②）

これらは、みな集落そのものが日陰地に位置するか、たとえ家の建つ場所の中には日当たりのよいところがあったとしても、そこに隣接して日陰地が存在するところばかりであった。そ

茨城県大子町大生瀬字三ヶ草。すぐ東側に山が迫っている。

の具体的な様子は、ほかの草地名とともに、のちに紹介することにしたい。

なお、このとき初めから一泊するつもりだったのかどうかおぼえていないが、どこへ出かける折りも、わたしは車中泊なので、その気になればいつでも、どこにでも泊まれるのである。十一月二日に泊まったのは、大子町の道の駅「奥久慈だいご」であった。

3 「コサになっている」「コサばらい」

道の駅「みわ」で掲示板を見たときから、わたしは月に二、三回くらいの割合で、主に茨城県北部と福島県南部の草地名（草が付いている地名の場所）めぐりを始めた。だいたいは一泊二日であった。その数は、この一帯だけで、現在までに五〇ヵ所ほどにはなっているだろう。

それらがどのような土地であったのかを記す前に、述べておきたいことがある。それは、地名に付いた「草」の由来を語れる住民には一人も出会えなかったが、「コサ」の言葉は会った人びとのほぼ全部が、その意味を知り、かつ少なくともかつては日常的に使っていたということである。

ことに、「コサになっている」「コサばらい」の二つの表現を言ったり、聞いたりしたことがない年配者は、ほとんどいなかった。前者は「とくに田畑のわきの雑木や雑草が大きくなって、耕作地に日が当たらなくなる」の、後者は「その雑木や雑草を切りはらう」の意だということだった。

あとで気づいたことだが、「コサ」の語は実は『広辞苑』にも載っている。次は第七版（二〇一八年）からの引用である。


〈こさ【木障】（東日本で）木陰のため耕作に不利な田畑地。またはその木や茂み。こせ〉

これが、小学館の『日本国語大辞典』の第二版（二〇〇四年）では次のようになっている（必要な部分のみ引用）。

〈こさ【木陰・木障】 木が茂って陰をつくること。こかげ。また、木陰が多くて耕作に不向きな土地〉

これにつづいて、江戸時代の俳人、越谷吾山《こしがやござん》が編纂した方言辞典『物類称呼《ぶつるいしょうこ》』（一七七五年刊）の、

〈東国にて樹陰を、こさといふは木（こ）さはりの略語にや〉

という語源説が紹介されている。

『広辞苑』にも見える「木障」の文字は、この『物類称呼』の、あまり自信がなさそうな推測によっているのであろう。これから記していくことに目を通していただくと、おのずとわかっていただけると思うが、これはただの思いつき以上のものではない。コサとは、これ一語で、「日の光をさえぎるもの」「日が当たらないところ」の二つの意味をもつ言葉であって、木とか障（さわり）の語と直接の関係はない。

『日本国語大辞典』は、右に加え「方言」では、

〈樹木が田畑を日陰にすること。また、その日陰〉

の意に用いるところがあるとして、福島県東白川郡、茨城県、栃木県、群馬県、埼玉県、千葉県、東京都南多摩郡、（同都）八王子、神奈川県、山梨県、（同県）南巨摩《こま》郡、長野県佐久、静岡県、（同県）志太《しだ》郡が例に挙げられている。

1節の最初の二つ以外の地方にも、やはり草地名があって、むろん全部について確かめたわけではないが、そこは「日陰地」であることが少なくないようである。いや、同じことは、ほぼ全国的にいえるように思われる。

そうだとするなら、いまは関東近辺の方言になっているコサの語も、古くはずっと広い範囲で使われていた共通語であったと考えてよいことになる。

そうして、実はカサ（笠、傘）もコサ、クサと語源が同じというより、同一の言葉であった。カサは、その発生からいえば雨を防ぐことを目的にしたものではなく、日差しをさえぎるための用具だったらしい。これはヨーロッパでも同様だったようで、例えば英語のアンブレラは「影」が、パラソルは「日光を防ぐ」が原義だという。

カサ（文字は、ほとんどが笠）の付いた地名も全国的に分布し、そこはだいたいは日陰地だといえると思う。カサについては次章で取上げることにしたい。

4「冬は二時間しか日が当たらない」

茨城県水戸市と福島県郡山市を結ぶJR水郡《すいぐん》線の常陸大宮駅から北北東へ九キロほど、

- 茨城県常陸太田市赤土《あかつち》町字塩ノ草（塩草《しおのくさ》とも。本章1節で紹介している⑧同市小妻町字塩ノ草とは別）

は令和四年秋現在で、わずか二戸の小集落である。わたしが、ここを訪れたのは同年十一月二十五日のことであった。

初めは真っすぐ、ここへ行くつもりだったが、県道36号（日立山方線《やまがた》）を走っているうち、いつの間にか、北へ五〇〇メートルくらいの同町字大野へ着いていた。十数戸の、山腹に位置する村である。その村はずれから斜面の底をのぞくと、はるか下方に数棟の民家が並んでいる。

「ははあ、あれだな」

わたしは、すでに何ヵ所もの草地名をまわっていたので、すぐにぴんと来た。その谷間の集落は、コサ＝クサ（日陰地）の条件を完全にそなえていたのである。

少し引き返して枝道へ入っていくと、その行き止まりが塩ノ草であった。よく晴れた日の昼すぎのことで、晩秋のやわらかい日差しが小さな沢沿いの道や、そこに面したわりと大きな数棟の家々を明るく照らしていた。とはいえ、前後左右にやや急勾配の山が迫っている。あと一、二時間もすれば、日がかげってしまいそうに思えた。

集落内をゆっくりと歩いてみたが、まるで人の気配がない。何度、行き来しても同じことだった。これでは話を聞こうにも、聞きようがない。わたしは、やむなく塩ノ草をあとにした。上の大野を訪ねてみる手もあったが、下のもっと人家の多い方角を目ざした。

西へ一キロばかりの道路沿いに「赤土集会所」というのがあり、その前の駐車場に数台の乗用車が停まっていた。わたしも、そこに車を停めて、建物の玄関口に立った。中の部屋に一〇人以上の人がいて、何かしているようだった。

どうしたものか迷っていると、たまたま男性が姿を現した。廊下でタバコでも吸うつもりだったのかもしれない。わたしは挨拶をして、

「この奥の塩ノ草のことなんですが、あそこら辺の日当たりは、どうなんでしょうか」

茨城県常陸太田市赤土町字塩ノ草。「冬は２時間ほどしか日があたらない」という。

と訊いた。すると、男性は、

「塩ノ草ですか、あそこは冬なんか、ほとんど日が当たりませんよ」

と答えたあと、

「太陽光発電の場所をさがしてるんですか」

と、もっともな疑問を口にした。わたしが、そうではない、地名のことを調べているんです、と説明したら、

「そうでしたか。ちょうど、あそこの人が来ているから」

と言って、部屋から一人の女性を連れてきてくれた。たぶん、七十代であろう。

「何か、ご用事をされているんじゃありませんか」

わたしの言葉に、

「いいえ、老人会のお茶飲みですから、かまいませんよ」

そういう返事がいただけたので、わたしは先ほど行ってきたばかりの塩ノ草のことについて、いろいろとたずねた。女性は、わたしの問いに答え

ながら、次のような話をしてくれたのだった。

「ええ、塩ノ草は本当に、どうしようもないほど日当たりが悪いところですよ。いまの季節ですと、正午ごろになってやっと日が差しはじめましてね、それからほんの二時間くらいで、もうかげってしまいます。だから、洗濯物が乾かなくって困ります。あそこに、いつごろから人が住みだしたのか、わたしは知りません。わたしが嫁に来たときから、ずっと二戸でした。うしろの方にも家がありますが、あれはもとの住まいです。壊さずに、そのままにしているだけで、みなうちと隣の家族が使っていたんですよ。

二軒は親類です。姓も同じで、海老根《えびね》っていいますよ。上の大野を知っていますか。そうですか、行ってきたんですか。あそこも、ほとんどは海老根姓ですね。古くは一族だったのかもしれません。だけど、なぜか塩ノ草と大野の海老根は家紋が違っていますねえ。ええ、大野は日当たりは、とてもいいんです。ところが、あそこは水がありませんからね、田んぼも全くないんです。昔は生活にも不便していましたし、食べるものにも苦労していたようですよ。

それにくらべて、塩ノ草は沢沿いですからね、田んぼにはめぐまれていました。いま家が建っているあたりはもちろん、ずっと下の方まで田んぼがたくさんありましたよ。塩ノ草で塩水が湧くところですか、ないと思いますねえ」

わたしは、この前や後にまわった草地名の場所で、

「ここは日当たりは悪いが、その代わりに水があり、田んぼがある（あった）」

という話を、しばしば耳にした。これこそが、人びとが日陰地にもかかわらず住みついた最大の理由であったに違いない。

塩ノ草と大野と、どちらが先に開けたのかわからない。だが、おそらく、まず大野に集落が形成さ

れたのではないか。それは、いまでも大野の方にずっと民家が多いことから、うなずけそうに思う。これに間違いがないとすれば、初めは、そこから下の沢沿いへ出作りに降りていたろう。

そのうち、一部の者が下に家を建てて住みつくことになる。現在の二戸は、その子孫ではないかと思われる。常住すると、それだけ土地との結びつきが強くなり、新たな開墾にも有利である。やがて、経済力では、大野の本家筋を上まわるようになったとしても、おかしくない。ただし、この推測を裏づける事実を、わたしは確かめていない。

なお、塩ノ草には、その名から考えて、どこかに塩水が湧き出すところがあったと思う。そのような場所は日本のあちこちにあって、海から遠い場合、貴重な塩の供給源になっていた。ただ、多くはわずかにしみ出すといった程度であり、いつの間にか枯渇していることが珍しくない。塩ノ草も、それだったのではないか。

5　花ノ草、柿ノ草、湯草《ゆぐさ》、三ヶ草《さがくさ》

本節では、茨城県北部と、その周辺に少なからず分布する、「草」が付く地名の草とは、日陰地のことだと解釈して初めて得心がいく、ちょっと風変わりな例をいくつか取上げておきたい。

・茨城県久慈郡大子町上野宮《かみのみや》字花ノ草

福島・茨城県境にそびえる八溝山《やみぞ》（一〇二二メートル）の南東麓に位置する小集落の名である。何の考えもなく付けたとも、ふざけて命名したとも受け取れそうな地名だが、実は感心するほど地形の特徴を適切に語っている。

ここで八溝川（久慈川水系）に合している支流の蕪石《かぶれ》沢沿いは、両岸に山が迫って季節を問わず、ほとんど日が差し込まないらしい。つまり、典型的なコサ＝クサだといえる。その端《はし》つまり「はな（漢字では、ふつう端《はな》と書く）」に立地するから、「クサのハナ」と呼びだしたのである。

・同町同大字の柿ノ草沢

右の花ノ草の一・五キロばかり南東で、八溝川に落ちている支流の名である。これも妙な名だが、「柿」の漢字を当てているカキとは、カケ（欠け）すなわち崖と同語に間違いあるまい。この言葉はガケ、カケ、カキ、ハケ、ハキ、ホキ、ボケ、バケ、バッケ、ボッケ、ハガ、ハギ……などと少しずつ音がずれながら、全国に数万以上の単位でちらばっている。ひょっとすると、同一または同語源の地形語としては、日本で最多かもしれない。

柿ノ草沢は、沢口からずっと奥まで険しく狭い谷がつづいており、当然、日当たりは悪い。本当に、「カキ（崖）のクサ（日陰地）」の名がぴったりの地形である。

・茨城県常陸太田市上高倉町字湯草

山田川（久慈川水系）上流沿いの集落で、東西に山が迫っており、住民によると、朝が遅く、日暮れが早いという。つまり、地名の草が日陰地を指すことは明らかだが、「湯」とは何のことだろうか。

答は簡単で、それは文字どおり温泉のことである。いま人家が集まっている場所から五〇〇メートルほど下流に「湯ノ前」という通称地名があって、温泉が湧いていた。ほかにも、湯ノ平という小地名もあり、また冷泉が湧くところなら地内に少なくとも五、六ヵ所はあったということである。

・茨城県久慈郡大子町大生瀬字三ヶ草（さんがくさ、また、さがくさとも）
・同県同町大沢字三ヶ草（さがくさ）
・同県常陸大宮市諸沢字上三草（かみさがくさ）
・福島県東白川郡塙《はなわ》町真名畑《まなはた》字佐ヶ草（さがくさ）
・同県石川郡平田村駒形字山家草（さがくさ）

これらの「草」も、それぞれの地形から考えて日陰地のことに違いあるまい。しかし、全体では何を意味しているのだろうか。

これは、わたしには草ノ花、柿ノ草、湯草のようには簡単に解けない謎であった。いまも自信をもって、こうだといえるわけではないが、いちおう次のように推測している。

まず、三ヶ草や三草、山家草をサガクサと読むのは、やや不自然である。これは音転の結果であって、右の文字が当てられたころにはサンガクサと言っていた可能性が高い。現に、大子町大生瀬の三ヶ草はサンガクサともサガクサとも発音している。

サンガクサは、さらに以前にはサムガクサだったのではないか。サムとは「寒《さむ》」である。つまり、サム（寒）ガクサ→サンガクサ→サガクサと変化してきたように思われる。周囲からいくらも離れていないのに、平均して数度か、それ以上も気温の低い土地は折りおりある。氷室《ひむろ》（天然氷の貯蔵施設）は、しばしばそのようなところに設けられていた。

茨城県大子町上野宮の柿ノ草沢。険しい谷になっている。

五ヵ所が本当に、まわりより明らかに寒いのかどうか確かめていないが、そうであっても不思議でない地形だとはいえる。なお、福島県塙町の佐ヶ草は、ほかの四つと違い、サガクサと完全に訛ってから当てられた文字であろう。

次に、日陰地どころか、住民（の少なくとも一部）が、

「日当たりは、とてもよい」

と言っている草地名の例を二つほど紹介しておき

たい。

・大子町大生瀬字三ヶ草

前記の大生瀬字三ヶ草から一キロたらず南東に位置している。

ここを訪ねたとき、リンゴ園の経営者は、

「ご覧のとおり、日当たりは申し分ありませんよ」

と断言していた。たしかに、この人の居宅もリンゴ園も、南向きの山の斜面にあって、見るからに日差しにめぐまれていそうであった。

しかし、富ノ草という集落は、そんなところばかりではない。ここより東の方では、山のあいだの低地に食い込んだような場所にも民家が建っており、しかも軒数は、こちらが多い。水があり、田んぼが作れたからであろう。日陰地といっても、どこもかしこもがそうなのではない。

・大子町浅川字細草

ここの住宅は東向きの山腹に集まっている。その北端でリンゴ園を営んでいる男性は、

「とくに朝のうちの日当たりは、いいですよ。ただ、西側が山ですのでね、日が落ちるのは早いですねえ」

と話していた。

のちに詳しく記すように、日当たりの良し悪しによって地名が付けられる場合、常に日の出からの半日ほどが基準になっている。いいかえれば、朝方に十分な日差しがあれば、そこは日向《ひなた》、日面《ひおも》などといい、逆に午後だけいくら西日が照りつけても、そこは影とか草と呼ばれるのである。

すなわち、細草はクサには当たらないことになる。それなのに、ここになぜ細草の名が付いているのだろうか。答えの手がかりは、リンゴ園のすぐ北隣で東西に細長く延びた小さな沢にある。その両

側とも山であり、日当たりはよくない。元来は、ここを細草といっていたのではないか。

ここには現在も小区画の田んぼが並んでおり、民家は全くない。人びとは日差しの十分な近くの山腹に家をかまえ、ここへは出作りに来ていたらしく思われる。地形、地物の特徴によって付いた名が、最寄りの集落名になることは例が非常に多い。というより、それが通常のことだといっても過言ではない。

6 「日下」も草地名の一つである

ここで茨城県北部や福島県南部の草地名の話をいったん打ち切り、本書と本章のタイトルに入っている「日下」という地名の問題に移ることにしたい。

日下と書いて「くさか」と読むことは、すでに『古事記』(七一二年成立)の時代には始まっていた。編纂者の太安万侶《おおのやすまろ》の同書序文に次のようにある。


〈また姓《うぢ》におきて日下《にちげ》を玖沙訶《くさか》と謂《い》ひ、名におきて帯《たい》の字を多羅斯《たらし》と謂ふ、かくの如き類《たぐひ》は、本の随《まにま》に改めず〉(読み下しと振り仮名は、倉野憲司氏校注の岩波文庫版による)

このころにはもう、日下(くさか)なる読み方が難読固有名詞の代表例になっていたことがわかる。

右の日下氏とは、現在の、

- 大阪府東大阪市日下町

のあたりを本貫の地とする氏族であった。

『日本書紀』(七二〇年成立)では、そこを「草香《くさか》」「孔舎衙《くさか》」と表記している(同書では「衙《か》」を

「衛《え》」と書いているが、これは誤記のようである）。日下氏は、その地名を名乗りにしていたわけだが、なぜか氏（正しくは姓）の名に、草香や孔舎衙ではなく、日下の文字を用いていたのである。この当て字には、後代、少なからぬ人が疑問を覚えたらしく、その理由についていろいろと説を立てることになる。

山中襄太《じようた》氏の『人名地名の語源』（一九七五年、大修館書店）には、諸説が要領よく紹介されている。

〈くさか―日下。日下をなぜクサカと読むのかについて『安斎《あんさい》随筆』に、日はフツカ（二日）・ミッカ（三日）のカ。それがクとかわる。下はサガル。それがサカとなり、ク（日）・サカ（下）と読むのだとある。西宮一民氏の説に「日の下のクサカ」という枕詞《まくらことば》的な表現から、のちに日下の二字を直接クサカと読むようになったという（長谷《はせ》、飛鳥《あすか》などの例）。そしてクサカの意味については、松岡静雄氏は草処《くさか》すなわち草生地の意だといい、山本直文氏はアイヌ語クサ・カ〔舟で渡る・所〕だという〉

右の『安斎随筆』は伊勢貞丈（さだたけ、またていじょうとも。一七一八―八四年）の随筆、西宮一民氏（一九二四―二〇〇七年）は国語学者で元皇學館大学教授、松岡静雄氏（一八七八―一九三六年）は元海軍軍人の言語学者、民族学者で、柳田國男の実弟である。

「山本直文《なおよし》」とあるのは、仏文学者の山本直文氏（一八九〇―一九八二年）のことだと思われる。わたしの手元には、この名を著者とする『日本アイヌ地名考』という七〇ページほどの冊子があるが、その奥書きには名前以外は何も書かれていない。

一方、角川書店の『大阪府の地名』（『角川日本地名大辞典』所収）には、

〈（日下の）地名の由来は、記紀に見える伝承とのつながりがあり、日下（ひのした）の草処すなわち東に太陽の昇る草深いところという枕詞的修辞によると考えられている〉（枚岡《ひらおか》市史2）

と述べられている。

「記紀に見える伝承」とは、神武天皇が草香（日下）の津から東の生駒山越えで大和へ進軍しようとしたとき、土地の土豪のナガスネビコの抵抗に遭って作戦が頓挫する、これは「日の神の子孫なのに日に向かって、つまり東に対して戦っているためだ」として、いったん退き、背後にまわって敵を討つことに成功したという神話を指している。

また、「枕詞的修辞」とは、「飛ぶ鳥の明日香《あすか》」とか「長谷《ながたに》の初瀬《はつせ》（泊瀬《はつせ》とも。のちにハセと訛る）」といった、枕詞とそれによって修飾される地名が深く結びついた定型的な表現があり、その枕詞に当てられている漢字が、下半分の読み方をされるようになった例のことである。

つまり、日下を「くさか」と読むのは、「日の下のクサカ（草香、孔舎衙）」という慣用的表現の下の読みが、上の枕詞に移ったとしていることになる。先の西宮一民氏の説も、これであろう。しかし、「飛鳥《あすか》」や「長谷《はせ》」の場合と違って、「日の下のクサカ」なる枕詞的修辞があったことは確認されていない。

右のいずれの指摘も実証を欠いており、わたしは説得力にとぼしい気がする。卑見では、クサカは草地名の一つで「クサ（日陰）・カ（処）」の意だと思う。カは「在《あ》り処《か》」「棲《す》み処《か》」などのカで、松岡静雄氏がクサカは「草処《くさか》」すなわち「草生地」のことだとしているカと同語である。

このあと改めて取上げるように、現東大阪市の日下町も日陰地であり、ほかのクサカの名をもつ土地にも、日当たりのよくないところが多い。
そうだとするなら、「日下」は「日の下（真下）」のことではなく、「日が（山の向こうに）下がっている」の意を込めた漢字だといえる。これは、地形の特徴を的確にとらえた当て字で、この文字を用いた人物または集団は、どうも「クサカ」の語が何を意味するのか知っていたように思われる。

7 河内《かわち》の草香津《くさかつ》の昔と今

「クサカ」の音をもつ地名は多くはないが、まれでもない。「クサカベ」を含めると、少なくとも十数ヵ所にはなるだろう。その文字には、しばしば「日下」が用いられている。これは、それぞれの土地で当てられた漢字ではなく、古文献に散見される「日下氏」や、その本貫の「河内国の日下」すなわち現東大阪市日下町を模倣した結果だと思われる。だから、まず日下町の地形から見ていくことにしたい。

日下町は、大阪府と奈良県の境をなす生駒山地の西側直下に位置している。この山塊は最高所の生駒山でも標高六四二メートルにすぎず、そう高いとはいえない。しかし前面（西側）は、今日いう海抜ゼロメートル地帯に近く、このあたりに住む古代人には、けっこう険しく高く感じられていたのではないか。

八世紀に成立した『万葉集』の巻第二十の四三八〇番（のちの研究者が付した整理番号）には、

〈難波門《なにはと》を　榜《こ》ぎ出《いで》て見れば　神さぶる　生駒高嶺《たかね》に　雲そたなびく（難波の港を漕ぎ出てみると、神々しい生駒の山に雲がたなびいている）〉（読みと大意は岩波書店刊の「日本古典文学大系」版による）

1970 年ごろの東大阪市日下町あたりの地形図。５万分の１地図「大阪東北部」より。

の歌が見えている。麓から望む生駒山系は、「雲がたなびく高嶺」だったのである。

いまの日下町のあたりは直接、海に面して「草香津」と呼ばれる船泊《ふなどま》りであった。今日、その面影は全くないが、吉田東伍の『大日本地名辞書』（一九〇〇―〇七年刊）の「草香江址」の項には、

〈今日《ひ》根《ね》市《いち》村の西に江湾の跡を存す〉

とある。明治のころには、まだ海辺の名残りがあったということではないか。

上の五万分の一地図は、わたしの手元にあるもので、昭和四十三年（一九六八）の編集、同五十一年の修正となっている。ご覧いただくとわかるように、日下町の一キロほど西には、かなり広い水田がある。古代にはおそらく、この田んぼの東端あたりまで海が迫っていたろう。

日下は、その波打ちぎわに位置して、背後（東側）は生駒山地になる。当然、日の出は遅かったに違いない。すなわち、ここは日陰地にほかならなかった。

「しかし、午後は日差しがたっぷりあったのではないか」

との反論があるかもしれない。

そのとおりで、西側は海だから日の入りは、たいていの内陸の土地より遅いことは間違いなかった。だが、前にもちょっと触れたように、日当たりのよい、悪いは朝方を基準にして考えられていた。それを地名によって示しておきたい。

・奈良県吉野郡下市町丹生《にう》字日受《ひうけ》垣内《かいと》と陰地《おんじ》垣内

は、丹生川をはさんで向かい合っている。川の北（山の南）が日受で、反対側が陰地である。ちなみに、「垣内」（かきうち。奈良県では訛って「かいと」と発音することが多い）とは、集落を指す語である。

・岐阜県高山市国府町宮地字日面《ひおも》と日影

日面は丘陵の南麓に、日影は別の丘陵の北麓に位置して、向かい合っている。

二つは日当たりのよい場所と日陰地が、南北に対している例である。このような場合、たいてい前者の方が民家が多い。それは、より古くから人が住んでいたことを示している。ところが、両者が東西に相対していたり、西側は広く開けている「日陰地」も珍しくない。

・愛知県豊田市坪崎町字ヒヨモと日影

ヒヨモとは右に見える日面の音転で、その地名のとおり東向きの斜面にあり、日の出は早いが、日が暮れるのも早い。ここから五〇〇メートルばかり東で、西向きの斜面に立地する日影は逆である。つまり、ヒヨモ（日面）、日影の名は、もっぱら朝方の日照によっていることになる。

・高知県長岡郡大豊《おおとよ》町西峰字蔭《かげ》
・同県香美《かみ》市物部《ものべ》町久保影
・同市同町小浜《こはま》字影

は、いずれも東には山を負っているが、西はけっこう開けている。「カゲ」とはいいながら、午後から夕方にかけては、たっぷり日差しがあるように思われる。

要するに、ある時代までの日本人（にかぎらないかもしれないが）は、早朝の日の光を暮れ方のそれより、ずっと重視していたのであろう。できることは何によらず、そういう時間にする、これが生活の基本だったのではないか。

朝は日照に欠け、夕方はめぐまれている「日影地」については、次章以下でも取上げることにしたい。

8 各地の「クサカ」と「クサキ」の地形

河内の日下が日陰地だからといって、クサカとは「日陰地」のことだとは断定できない。それは、たまたまのことかもしれないからである。それで本節では、ほかのクサカ地名の場所を見ていくことにするが、クサカだけだと数が少なくて分析には、やや不足する。だから、ここではクサキ（文字は、ほとんど草木）の音をもつ地名を加えたい。

クサキとクサカは初めの二音節が全く同じであり、第三音節も母音が違っているだけである。二つは同語または同語源ではないかもしれないが、これから述べるように、地形には重要な共通点が見られる。

卑見では、クサキの「キ」は、墓域を意味する奥津城《おくつき》のキや、古代、中央の政権が対蝦夷《えみし》用に新潟県と東北地方に置いた軍事・行政施設の渟足柵（ぬたりのき。現新潟市信濃川の河口のあたり）、多

賀城（たがのき。宮城県多《た》賀城《がじょう》市）などのキ（柵、城の字を当てている）と同じ言葉だと思う。つまり、右のキは、

「ある構造物で囲まれた一定の地域、範囲または、その構造物」

のことだと定義できる。これに間違いがないとするなら、クサキは、

「クサ（日の光をさえぎるもの。実際は山だと考えてよい）で囲まれた地域、範囲」

の意になる。

・岡山県苫田《とまだ》郡鏡野町寺和《てらわ》田《だ》字日下

は、苫田ダム（奥津湖）の五キロほど東に位置する山間の集落である。この地名は国土地理院の地形図には載っているが、グーグルやヤフーには出ていない。

日下は東西南北に山がそびえる、文句なしの日陰地である。それはグーグルの航空写真やストリートビューを見ると、実によくわかる。検索するには、寺和田一二三五のあたりのバス停「日下」を目印にすればよいだろう。

日下集落の香々美《かがみ》川（吉井川の支流）をはさんだ南方に日《ひ》上山《かみやま》城跡が残っている。ここは山城だから、もちろん日当たりは申し分ない。そこを「日上」とし、麓の日陰地に「日下」の文字を当てていることになる。これは住民が、クサカとは日陰地のことだと知っていたからではないかと思われる。

・高知市長浜字草木谷

も、そう高くはないが、四方を山に囲まれている。ただ、南方の一角がわずかに開け、その先に日《ひ》出野《いでの》（長浜字日出野）の地名がある。

・兵庫県丹波篠山市草野

も絵にかいたような日陰地である。ここの南方にも日《ひ》出《で》坂《さか》峠（二四八メートル）がある。

右の日下―日上山、草木谷―日出野、草野―日出坂の併存は偶然ではあるまい。そうして、クサが日陰地を指すと考えれば、そのような地名が相並んでいる理由が、おのずと明らかになってくるのではないか。

・愛知県豊田市日下《くさか》部《べ》町

は興味ぶかい土地である。

地内の北部、山の南側に日面《ひおも》（ただし、グーグルやヤフーでは日向《ひおも》）の地名があり、南方の東向き斜面に日高、西向き斜面に日影という地名がある。あとの二つは、国土地理院地図には載っていない。これらが日当たりによって付いていることは、改めて指摘するまでもないだろう。

右の三つは小字であり、日下部（この下の「町」は住居表示上、機械的に付けているだけである）は大字になる。日下部も、もとは小字で、日面に向かい合った日陰地を指していた可能性が高い。そこは、いま「寺辻」の通称で呼ばれており、もっとも多くの民家が集まっている。つまり、村の中心地であった。それが、いつのころかに村全体の名に拡大され、その結果、日下部の小字がなくなったように思われる。

愛知県豊田市日下部町の通称「寺辻」のあたり。日陰地である。

なお、各地の日下部の地名は日下部氏や草香幡梭《くさかのはたび》姫《ひめ》（雄略天皇の皇后）の部民《べみん》（一種の隷属民）の移住によってできたとする説があるが、これには証拠がないのみならず、クサカが日陰地の意の言葉だという発想も全く欠けている。卑見では、クサカべの「べ」は山辺、川辺、池辺、野辺などの辺（べ）と同語で、結局、クサカと同じ地形になる。

・新潟県村上市日下

は、いまでこそ集落は尾根の先端の日当たりのよいところに立地しているが、元来は、その北東側の細長いヤチ田（谷あいの水田）を「クサカ」といっていたのではないか。この田んぼは、東と南から丘陵が迫っており、日陰地になっている。

・山口県周南市須万《すま》字日下

は、すでに廃村になっているらしい。もとの集落もそうだが、とくにすぐ北側の倉谷川沿いは典型的な日陰地である。

・香川県東かがわ市五名《ごみよう》字日下

右の山口県周南市の日下にくらべたら、山はそれほど深くはないが、ほぼ同様の地形だといえる。

・高知県高岡郡の旧日下村

昭和二十九年（一九五四）、日下村、能津《のうづ》村および加茂村の一部が合併して日高村が発足するとともに消滅した。現在、日高村本郷にJR土讃線の日下駅がある。この日下駅のあたりは香川県東かがわ市の日下よりもさらに山は低いが、四周をぐるりと丘陵がめぐっている。

・群馬県みどり市東《あずま》町草木

地名としては残っているが、旧草木村は渡良瀬川をせき止めた草木ダムの底に沈んでしまった。その前には谷底の集落であった。

・兵庫県宍粟《しそう》市一宮町草木

型どおりの日陰地であり、近くに草木ダムが建設されている。

クサキ（草木）という地名については、もっと紹介しておいた方がよいところがある。ただ、この地名はカサキ、カサギ地名とのかかわりも深いので、次章で改めて取上げることにしたい。

第二章　「笠置」は「日陰地」を意味していた

1　京都府笠置町を歩いて

　河内の日下（現東大阪市日下町）が全国のクサカ地名の中では、もっとも知られているように、カサギと聞けば、まず京都府相楽《そうらく》郡笠置町を思い浮かべる人が多いことだろう。ともに、古くから文献に見え、民家も集まっていたためだと思われる。

　笠置町笠置すなわち現町名の起こりになった場所の地形を知りたくて、わたしがここを訪ねたのは令和五年五月十四日のことであった。

　わたしは南方の奈良市柳生町（いわゆる「柳生の里」）から、笠置山添線（県道4号＝府道4号）を通って笠置の市街を目ざした。この道は舗装こそされていたものの、狭いうえ両側は山林つづきで、林道といった感じだった。町なかまで一キロくらいのところで、やっと左手（西側）がやや開けてきた。打滝《うちたき》川（木津川の支流）がつくった、ささやかな河岸段丘に、そう大きくはない家々が、びっしりと並んでいる。

　しかし、東側には依然として笠置山（二八八メートル）を最高所とする山塊が間近に迫っていた。その西麓、JR関西本線笠置駅の南東に位置する人家の密集地、笠置字市場、平田、隅田の一帯が古代以来の「笠置」である。平安時代には「鹿鷺《かさぎ》郷」とも書かれ、いまは「南笠置」と通称されている。

京都府笠置町の白砂川にかかる白鷺橋から笠置山西面を望む。

このあたりのどこから東を望んでも、ずんぐりした山容の笠置山が視界をさえぎるように立ちはだかっている。さして高い山ではないが、すぐ目の先にあるので実際より大きい印象を受ける。傾斜も、きつい方であろう。

当然、笠置の中心街は、とくに朝方の日当たりが悪くなる。つまり、型どおりの日陰地である。

笠置という地名の由来については、『今昔物語集』（作者不詳、一二世紀の成立か）に、

〈天智天皇の時代に、ある皇子が笠置山へ狩りに出かけたが、鹿を追っているうち、乗っていた馬が断崖絶壁の突端に登ってしまい、進むも退くもならない状態になった。そこで、山の神に助けを求めたところ、聞き入れられて無事、帰ってくることができた。その感謝の印として、絶壁のほとりに、かぶっていた笠を置いてきた。それからのち、この山を笠置と呼ぶことになった〉

旨の説話が載っている。「笠置」の語源となると、必ず語られる伝承である。

だが、これが「笠置」の文字から創作された、たわいもない作りばなしにすぎないことは、改めて指摘するまでもあるまい。つまり、カサギは当時すでに、都や、その近くの文人たちには意味不明の、耳どおい言葉になっていたということではないか。

わたしはもちろん、カサギとは日陰地のことだと考えている。既述のように、カサはコサ、クサと同語で、「日の光をさえぎるもの」「日が当たらないところ」の意である。ギは、前章8節に記した、奥津城《おくつき》などのキが連濁《れんだく》によって濁音化したものであり、「カサで囲まれた（ここの場合は、東側を区切られた）地域」を指していると思われる。

そうだとするなら、「笠置」なる当て字は、なかなか趣意をつくしていることになる。

笠（頭にかぶるカサ。コサ、クサと語源は同じ）を「置けば」、その下は日陰になるからである。この漢字を用いた人物または集団は、あるいはカサギの語義を知っていたのかもしれない。それは前章で取上げたクサカの言葉に、「日下（日が山の向こうに下がっているところ）」と当て字した動機と通じているような気がする。

なお、笠置のあたりでは、日陰地のことをクサともいっていたようである。

• 笠置町笠置字草田《くさた》切《ぎり》　市街の南西、白砂川（木津川の支流）沿いで、笠置山とは別の山塊の西麓に位置している。

• 同町切山字草畑《くさばたけ》　市街の北西、木津川の北岸にあって、東側が山の突端にさえぎられている。

右の「田切」のキリは、おそらく「切り開く」の意ではないか。草畑は「草の畑」のことではなく、「日陰の畑」を指していたと思う。

とにかく、笠置というところは、まわりが山だらけだけに日陰地が多い。居住環境は、よくないといえる。しかも、耕地にとぼしい。こんな土地に、なぜ早い時代に町ができ、今日まで一貫して少なからぬ人びとが住みつづけてきたのだろうか。

それは、人を集めることができる産業があったからである。その第一が、目の前を流れる木津川を利用した舟運であった。この川は京都にも大阪にもつながっており、奈良にも現三重県伊賀地方にも近かった。

次が、後背の深い山林から生産される木材の搬出地としての立地にあった。いまの笠置駅周辺の平坦地が、巨大な土場《どば》（木材の一時的な集積場）の役割を果たしていたのではなかったか。木津川の名は、ここから一〇キロばかり下流に位置する木津（現京都府木津川市木津）という地名によっている が、「木津」は周知のように木材搬出のための津（港）を指す言葉である。笠置もまた、もう一つの木津であった。

2　奈良県黒滝村笠木と和歌山県九度山《くどやま》町笠木

「カサギ」の地名は、ときに尋常ならざる地形の場所に付けられることがある。

・奈良県吉野郡黒滝村笠木
・和歌山県伊都郡九度山町笠木

は、その例だといえる。

奈良盆地の南のはずれ、古代史の重要な舞台になった現奈良県高市《たかいち》郡明日香《あすか》村から南へ一〇キロほどの吉野山は、周知のように名所、旧跡だらけの山塊である。黒滝村は、この南側になる。

ここは、もう修験道の故郷、大峰山脈の一角を占め、どこへ行っても深山幽谷の趣きがある。笠木は同村の西端近く、五條市および吉野郡下市町との境あたりに位置している。

笠木は、さして大きな集落ではないのに、住居表示上は大字であって、小字ではない。ここは谷垣内《たにがいと》（谷笠木とも）と峯垣内（峯笠木とも）の二つの小字に分かれている。前者は、笠木川（紀ノ川水系、丹生川の支流）沿いの谷底の集落で、文句なしの日陰地である。

一方の峯垣内は、全体としては東または南向きの山腹に立地する坂の村、斜面の村で、その傾斜はきつく、わたしは一枚の田んぼも目にしなかった。それは、おそらく大昔からのことで、林業専一で暮らしてきたと思われる。日当たりは、むしろよい家が多いのではないか。ただし、朝や夕方に悪い家も少なくあるまい。

カサギが日陰地を指すのであれば、笠木の発祥地は谷垣内の方だと考えるのが自然であろう。しかし実際は、どうも違うらしい。笠木の氏神（八幡神社）も、檀那寺（浄土真宗本願寺派の祐光寺）も、峯垣内に所在するからである。少なくとも、ある時代までは、こちらが村の中心であった可能性が高い。

それでは、なぜ、どちらかといえば日当たりのよい集落が、カサギの名で呼ばれていたのだろうか。これは、近くの地名が集落へ移動した結果に違いない。すなわち、もとは前面（東側）の谷底をカサギと称していたのが、のちに山腹の人家が集まっている場所の地名になったのだと思う。

右とほとんど同じことが、和歌山県九度山町の笠木についてもいえる。

こちらの笠木は、山上の宗教都市、伊都郡高野《こうや》町高野山の北西五キロほどに位置して、古い時代の高野参詣道は、ここを通っていた。資料上の初出が平安時代と早いのも、そのことと関係している。

笠木は、不動谷《ふどうだに》川を眼下に見下ろす東向き斜面に立地して、日当たりはとてもよい。家々は、その急傾斜地にへばりつくようにして並んでおり、道は狭くて急坂つづきである。わたしは車を運転していて、ここほど緊張を覚えたことは、ほとんど記憶にない。転落を避けるため山側に車を寄せすぎて、跡がつくほどタイヤをこすっていた。車に乗りだしてから初めてホイールキャップをなくしたが、どうもこの道を走っているうちに落としたようである。

とにかく、九度山町笠木の前面（東側）は壺の底のような深い谷であり、そこを不動谷川（紀ノ川の支流）が北へ向かって流れている。こちらには人家は全くない。

和歌山県九度山町笠木の前面は、不動谷川に向かってなだれ落ちている。

「不動」の名は、険しい沢や谷、滝などに、しばしば付けられている。これは不動明王とのかかわりはなく、ホト、ホド、フト、フドという地形語による名である。人体で、二本足の付け根のあいだ、つまり陰部を指すホト（漢字なら「秀処《ほと》」とでも書くべき言葉）という古語と同義、同源になる。あたかも、二つの山にはさまれた、どん詰まりのような個所だからである。

険しい地形を指すフト、フドが、のちに「不動」と書かれるようになると、不動明王との因縁がうんぬんされ、実際に、その石像が置かれていたりすることもないではない。しかしこれは、あくまで後代の作為である。

要するに、ここではカサギもフドウ（フドの訛り）も、ともに笠木集落の下の深い谷底を呼ぶのに用いた言葉であったろう。前者は、そこに日が当たらないことに、後者は険阻なことに着目した地名だったことになる。

もし、カサギの意味を知りたくて、右と同じようなところばかり何ヵ所かまわった人がいたとしたら、カサギとは急傾斜地のことに違いないと考えるのではないか。しかし、そうでないことは次のいくつかの例によって明らかになると思う。

3 やや開けた土地のカサギ

「盆地」という言葉がある。会津盆地とか甲府盆地、日田盆地などの名は、だれでも耳にしたことがあるだろう。つまり、いまでは、ごくありふれた日常語になっている。

しかし、これはおそらく、明治以後に生まれた翻訳語か、少なくとも近代地理学の知識をもとにつくられた新語ではないかと思う。それでは、江戸時代以前には、盆地のことを何といっていたのだろうか。これが、わたしには、どうもよくわからない。

だから推測になるが、右に例示したような差しわたし数十キロあるいは数キロといった広い盆地を指す日本語は、なかったのではないか。いいかえれば、「甲府盆地」と表現することはできなかったことになる。

それはまた、そういう言葉を必要としていなかったことでもある。代わりに、ある時代までの人びとは、その中に無数の地名を付けていたといえる。それが地名の本来の姿、役割であった。

一方、小規模な盆地を意味するか、結果的にそれと同義になる言葉は、いろいろとあったらしい。いま、その一部を挙げておくと、カサギ、クサキ、クニキ、クネノウチなどがある。本節では、そのうちのカサギだけを取上げ、あとは後述にまわしたい。

• 三重県度会《わたらい》郡大紀《たいき》町崎《さき》字笠木

は志摩半島の付け根の南部に位置する小集落である。

『角川日本地名大辞典』所収の『三重県の地名』によると、ここは木地屋《きじや》が定住した村だという。木地屋とは、主にブナ、トチ、ケヤキ、ホオ、カエデのような落葉樹を用いて椀、盆、木皿などの木器を作る職業者のことで、轆轤師《ろくろし》とも呼ばれた。原材料になる大木を求めて、しばしば深山幽谷を渡り歩いていたので、もとは一所に長く住みつづけることが少なかった。

その住まいは「木地小屋」といわれることもあって、この言葉はときおり山中に地名となって残っている。ここも江戸時代には、「笠木小屋」と書いた資料もある。元禄四年（一六九一）で戸数七、人口四五であった。

三重県大紀町笠木の民家は山の南麓に集まっている。

笠木は、ぐるりをやや高い山に囲まれた盆地の集落である。ただし、そんなに狭くはないから、全体に日当たりが悪いわけではない。「カサ（日をさえぎるもの＝山）に囲まれた地域」の意がぴったりの地形であり、言葉の原義では「日陰地」のことだとしても、実際には小盆地を指す格好になる。

・茨城県久慈郡大子《だいご》町冥賀《みょうが》字笠木

この地名は資料には見えるが、現行の地図には載っていない。しかし、冥賀と北隣の大子町上郷《かみごう》との境に標高二九一メートルの山があり、地元の人は、これを笠木山と呼んでいる。

山頂に笠木神社があって、毎年、上郷の住民のみが祭りに参加している。つまり、上郷との関係が深い。山麓の集落を上郷字大貝という。四周を山が取り囲む小盆地になっており、一部の家を除いて日当たりはよくない。
大貝は「大峡《おおかい》」の当て字であろう。カイ（漢字で書けば「峡《かい》」とでもなる言葉）とは、山と山とのあいだの廊下状の土地のことである。すなわち、前に述べたホト、ホド、フト、フドやカサギと似た地形だといえる。
上郷には「笠木前」の小字もあるので、もとの「笠木」は、いまの大貝あたりを指していたのではないか。それが資料によっては、冥賀の小字とされていた可能性がある。小字が二つの大字の境界付近にあるときは、その両方の大字の地名になっていることは少しも珍しくない。
•徳島県名西《みょうざい》郡神山町阿野字笠置　神山森林公園の一キロほど南
•高知県幡多《はた》郡大月町弘見字笠木　大月町役場の一キロほど北西
なども、右の二つと同種の地名のように思われる。
•三重県多気《たき》郡多気町笠木
ここのカサギは、和歌山県九度山町型でも三重県大紀町型でもない。
その地名は、おそらく氏神、外城田《ときた》神社の北西側の深いクボによっているのではないか。このクボは北側だけしか口が開いていないので、日当たりは悪い。地元の住民によると、もとはひどい湿田で入ると腰のあたりまで沈んだという。現在は柿の畑になっている。
•栃木県那須塩原市百村《もむら》字笠木
那須岳（一九一五メートル）の南麓に位置している。いわゆる那須野ヶ原の一角を占め、土地の起伏はとぼしい。百村の一帯にも山らしい山はなく、ここにどうして笠木なる地名が付いたのか、わたしにはわからない。
ただ、あちこちに木の繁った微高地があり、これをカサと考えたのかもしれない。笠木のまわりにも、そのようなカサなら残っている。もし、この推測に誤まりがなければ、「日をさえぎるもの」の中には、山ではなく丈の高い樹木も含む場合があったことになる。

• 徳島県板野郡藍住《あいずみ》町笠木　藍住町役場の一・二キロほど北東周辺は吉野川の氾濫原で、すべてべったりした平野である。ここも、あるいは那須塩原市と同趣旨のカサギだろうか。ただし、このような地形のカサギには、例えば開拓者の名前をとった可能性もありえると思う。

• 岐阜県恵那《えな》市の笠置山（一一二八メートル）同県中津川市との境近くに位置する独立峰である。

山名は、京都府笠置町の笠置山に形が似ているために付けられたといわれている。山の名には、しばしば麓の集落名を転用する例が見られるが、ここには笠置の地名はないようである。また、著名な地名は、ほかの地方で模倣されることが珍しくない。この二点を合わせ考えると、言い伝えは当たっているかもしれない。

4　「草木」もカサギと同語である

コサ、クサ、カサが、いずれも「日をさえぎるもの」「日陰地」の意であるなら、クサキ、クサギ（文字は、ほとんどが「草木」）は当然、カサギ（笠置か笠木）と同源というより同じ言葉になるはずである。それは、カサギと合わせてクサキの地名が付いたところを調べることによって、ほぼ疑いをいれない程度に立証できる。

• 福島県東白川郡鮫川《さめがわ》村赤坂東野字草木

は、ちょっと例がないほど、あざやかな小盆地状の地形をなしている。

福島県鮫川村草木は、典型的な山中の小盆地である。

鮫川村は阿武隈山地の南端に近い山がちの土地で、石井草、大石草、芦ノ草、蕨《わらび》ノ草、戸草……など草地名が多く、「鮫川七草」などといわれている。草木も、その一つだとする人もいるが、七草は「○○草」と下に草が付くものだけで、草木はこれには含まれないという人もいる。

いずれにしろ、ここの「草」もまた、「日をさえぎるもの」を指していることは間違いない。キ（木）は、それに囲まれた一定の区域のことである。現在、四戸の民家は、その小盆地の北端つまり山の南側に集まっており、日当たりはそう悪くない。ただ、全体にやはり朝が遅く、日暮れも早いため、冬の寒さはきびしいということである。

• 茨城県常陸太田市中染町草木

狭い山道が、ここで行き止まりになっている。四方を山に囲まれた、典型的な日陰地である。ただし、かつては五戸、いまは三戸になった民家は、日当たりがよさそうな場所をえらんで建てられている。

住民の男性によると、朝が遅く、日没は早いというが、前に小さな沢があり、それに沿って多少の水田があった。また、ずっと上の日がよく当たる斜面でタバコを作っていたこともある。

・埼玉県飯能《はんのう》市中藤下郷《なかとうしもごう》字種木《くさき》

飯能市街の北西七キロほどの山間地に位置している。まわりを、すっぽりと山が囲んだ小盆地状の土地である。

中藤川（荒川水系、入間《いるま》川の支流）にかかる種木橋の付近で、同川は深く切れ込んでおり、川べりでは一日中、日が差さないのではないか。

・山梨県大月市七保《ななほ》町瀬戸字草木

大月市街の五キロくらい北北東、葛野《かずの》川（桂川の支流）を見下ろす山腹の地名である。

ここは、本章2節で取上げた奈良県黒滝村笠木や、和歌山県九度山町笠木と似ている。すなわち、現在の草木自体は山の東側斜面に位置しているので、日当たりはかなりよい。その点で、右に挙げた三つの草木（種木）とは全く違っている。

ところが、前面（東側）は葛野川へ向かってなだれ落ちるような急斜面であり、その底のあたり、通称地名の杉平《すぎだいら》や対岸の瀬戸字小姓《こしよう》は日差しにとぼしい。もともとの草木は、こちらを指していた可能性が高い。

・群馬県みどり市東《あずま》町草木　旧草木村は草木ダムの底に沈んだ。

・兵庫県宍粟《しそう》市一宮町草木　近くに草木ダムがある。

・高知市長浜字草木谷

については、前章の8節で紹介ずみである。

5 「草」地名は各地に広く分布する

「片草」という地名がある。その意味や由来について、合理的な解釈をした人はいないのではないかと思う。だが、これまで本書で記してきたことをもとにすれば、なぜこんな地名が付けられたのか、だれでもうなずける程度に説明ができる。

クサとは、いうまでもなく「日陰地」のことである。カタは片方の意で、つまり片側だけが日当たりの悪い土地を指していることになる。

似たような趣旨の地名として、例えばカタヒラやカタカイがある。前者は一方が平坦地であり、後者は山に面した地形（カイ＝峡）のことで各地に少なくない。

- 奈良県山辺郡山添村片平
- 神奈川県横浜市保土ヶ谷区帷子町《かたびら》（片平の当て字）
- 新潟県小千谷《おぢや》市片貝町（貝は「峡」の当て字）
- 千葉県山武《さんぶ》郡九十九里町片貝

などは、そのほんの数例にすぎない。

片草は、右の二つほど多くはないが、次のようなところがある。

- 福島県南相馬市小高《おだか》区片草字片草迫《かたくささこ》（国土地理院地図では「片草ざく」となっている）

JR常磐線小高駅の一・五キロほど北西で、曹洞宗同慶寺の北西側のあたりを指す。ここで、南東から北西へ延びる細長いクボ（窪地が「迫」）の南東側だけが開けている。

- 同県田村市常葉《ときわ》町早稲川《わせがわ》字東片草、字西片草

JR磐越東線大越駅の三キロほど北東。東片草と西片草が大滝根川（阿武隈川の支流）をはさんで

向かい合っている。南北に細長い小盆地の北端近くで、両側に山が迫っている。

•愛知県瀬戸市片草町

東海環状自動車道せと品野インターの三キロほど北東。斜面の集落で、東と南に山を負っているが、西はよく開けている。

•大分市今市字片草

「合併記念の森」の七〇〇メートルほど東。東だけが開けたクボ地形に位置する小集落である。

•大分県玖珠《くす》郡玖珠町森字片草

小盆地状の地形で、北側がいくぶん開けている。地内に教育支援センター「町立わかくさの広場」がある。この名は、片草よりイメージがよいので付けられたのではないか。

•鹿児島県薩摩川内《せんだい》市祁答院《けどういん》町黒木字片草

藺牟田《いむた》池の八キロほど北東。盆地状の土地で、とくに東側の山が高い。

簡単な説明は参考までに付けておいたが、より詳しく知りたい方は、インターネットで国土地理院の地図と、グーグルの航空写真およびストリートビューを組み合わせて、ご覧いただくとよい。

右の片草は、いずれも大なり小なり盆地状の場所に位置している。そうして、どちらかの方角が開けているところに共通点がある。ただし、これらの特徴は例えば草木でもほぼ同じであり、さらにほとんどの草地名にも当てはまる。いくら日陰地といっても、四方ともに日をさえぎるような山に囲まれていることは、そうめったにないからである。つまり、片草の「片」は念のために添えられた語だといえないこともない。

とにかく、片草は北の東北地方と南の九州地方に、それぞれ複数あることがわかるが、ほかの草地名も北海道を除く各地に広く見られ、おおかたは日陰地だと考えてよさそうである。北海道の地名は、明治維新後に和人が本格的に入植してくるまでは、すべてアイヌ語で付けられていたとして過言ではない。だから、本書でこれまでに挙げたような草地名はないことになる。

ところが、沖縄県も、ほぼ同様であるらしい。沖縄の地名は、たしかに日本のほかの地方とかなり違っており、草地名の極端な少なさ（または欠如）も、それとかかわっていると思われる。それには当然、深い理由があるはずだが、これについて何かいえるだけの準備が、わたしにはない。

いま取上げたいのは、九州（本土）の草地名である。東北から中国、四国地方までの草地名は不十分ながら、それなりの数を紹介ずみなのに、九州は先の三つの片草を別にすれば、まだ全く触れていないからである。

九州にも草地名は少なくない。クサキ、カサギにかぎっても次のようなところがある。

- 福岡県大牟田市草木　JR鹿児島本線銀水《ぎんすい》駅の五〇〇メートルほど南東
- 長崎市畝刈《あぜかり》町草木　長崎漁港へ流入する多以良《たいら》川河口の北岸
- 福岡県飯塚市庄司《しょうし》字笠置　JR筑豊本線浦田駅の五キロほど北西。ここから一・五キロばかり西、若宮市との境に笠置山（四二五メートル）がある。
- 宮崎県串間市奴久見《ぬくみ》字笠祇《かさぎ》　JR日南線日向北方駅の六キロほど西北西。ここから一・二キロばかり西北西、鹿児島県志布志市との境に笠祇岳（四四四メートル）がある。
- 鹿児島市五ヶ《ごか》別府《べっぷ》町笠木　指宿《いぶすき》スカイライン山田インターの三キロほど西
- 鹿児島県曽於《そお》市大隅町中之内字笠木　北九州自動車道曽於弥五郎インターの五キロほど北

右のうち、大牟田市の草木は一帯の市街化が進んでいて、旧状をうかがいにくい。

これ以外の五ヵ所は、いずれも小盆地かクボ地形ばかりだといえる。すなわち、これまでに取上げてきた草地名と基本的に異なるところはない。

なお、飯塚市の笠置山と串間市の笠祇岳は、山の形（笠のようだとか、京都の笠置山に似ているとか）によって付き、それが麓の集落の名にもなったのではないかと考える人もいるかもしれない。

しかし、それはないと思う。昔の人びとは、個々の山（一つの頂をもつ山）に名を付けることに、あまり熱心ではなかった。奈良の吉野山とか京都の東山なども山塊群をそう呼んだのであって、そのような名の単独峰があるわけではない。

ところが、明治維新後、地図とくに地形図の製作が始まると、それではすまなくなる。三角点を設定していくうえでも主要な山には、それぞれに名が必要になったのである。もとからあれば問題ないが、ない場合には、もっとも近い集落の名を転用した例が少なくなかった。右の二つも、そうだったのではないか。

6　すべてが「日陰地」で説明できるわけではない

クサやカサが日陰地を指す言葉だといっても、この語が付いた地名がすべて、そうだということでは決してない。例えば、草津である。

• 群馬県吾妻郡草津《くさつ》町

は、古くから温泉で有名な観光地である。この草津の地名について、角川書店『群馬県の地名』は次のように記している。

〈地名の由来は、強酸性の温泉で硫化水素臭が強いことから、くさい水の意で、「くさみず」「くそうず」といったことによる〉

一六―一七世紀ごろの文献の中には、「草生津」「九相津」と書いたものもあり、その後、「草津」の表記に一定してのちも「くさづ」と発音していたというから、もとはクサミズだったのであろう。現在ではクサツと読むのが普通になっている。

しかし、

・広島市西区草津本町

には温泉はない。だから、その由来は草津温泉のそれとは違うことになる。

広島電鉄宮島線草津駅の北西二〇〇―四〇〇メートルには、山にはさまれたクボがある。北東側が草津八幡宮の背後の山、南西側が安芸草津城址の立地する山である。八幡宮の山の北東を古江ということから考えて、かつてはこのクボのあたりまで瀬戸内海の水が来ていたと思われる。つまり、ここの津は船泊りの意に間違いあるまい。

草津駅北西のクボは、いまでも日当たりはよくない。となれば、ここの場合には、草津は「日陰の港」を指していた可能性がある。ただし、それを裏づけるだけの証拠を示すことは難しい。

・滋賀県草津市

には温泉も、琵琶湖に面した港もない。しかし湖の水が、今日の草津市街のあたりに迫っていた時代があったかもしれず、この津が船泊りの意でないとはいいきれない。また、古い時代の草津は、いまよりもっと東の山側に近かったとされており、そうだとするなら日陰地であったこともありえる。とはいえ、これはたぶんに想像をまじえた推測であって、実証には遠い。さらに、現草津市には上笠町、下笠町、南笠町の地名がある。いずれも日当たりはよいので、これらのカサは日陰地の意ではないことになる。

次は、もっともよく知られた草地名の一つ、

・京都市伏見区深草

の語義についてである。

〈夕されば　野辺の秋風　身にしみて　うづら鳴くなり　深草の里〉

藤原俊成（一一一四―一二〇四年）の右の歌をはじめ、いくつもの古歌に詠まれた深草は、古代から中世にかけては都の南方の「草深い」場所と意識されていたらしい。だが、それが地名の由来ということはあるまい。都から見て草深い土地などいくらでもあったのに、深草の地名はほかにほとんどないからである。

ここは、「深い日陰地」すなわち「とても日当たりの悪いところ」と解釈できないこともない。東側は、いわゆる東山三十六峰の最南端に位置し、西麓の伏見稲荷大社の神体山である。『日本書紀』（七二〇年成立）の欽明天皇即位前紀に見える「山背《やましろ》国紀郡《きのこほり》の深草里」は、このあたりを指していたとされており、地名が付いたころの深草は京都近辺にしては山の方へ深く切れ込んだ地形だったといえるのではないか。

「深い日陰地」を指して付けられた地名は、あっておかしくない。

・茨城県常陸大宮市諸沢《もろさわ》字深串

は、その例のようである。

右ではフカ・クシとなっているが、このクシはクサ、コサの音転の可能性が高い。前章でも述べたように、常陸大宮市を含む茨城県北部には草地名が非常に多く、深串の至近にも諸沢字上三草《かみさがくさ》、字高《たか》間草《まくさ》がある（第一章1節の図版参照）。二つとも典型的な日陰地だが、深串の一部は、ちょっと比類

茨城県常陸大宮市諸沢の深串。一部の家は、まれに見るような谷底に建っている。

がないほどの谷底地形になっている。

• 兵庫県淡路市深草　淡路島西岸の都志《つし》港から二・五キロほど北北東。海から五〇〇メートルくらいしか離れていない。ここの北北東一・三キロばかりに草香《くさか》の地名がある。

• 宮崎県小林市北西方《きたにしかた》字深草　JR吉都《きっと》線西小林駅の三キロほど北東に位置する。

これら二つも、日陰地といえそうである。ただし、そう「深い」感じはしないので、別の意味があるのかもしれない。

• 滋賀県愛知《えち》郡愛荘《あいしょう》町深草

は近江鉄道本線豊郷《とよさと》駅の一・五キロほど南東に位置して、琵琶湖に流入する宇曽川と、その支流群がつくった氾濫原の一角を占めており、まわりに山は全くない。つまり、日陰地ではないことになる。深草は、いまフコソと読んでいるが、これはフカクサが変化したのではなく、もとは違う音の言葉であり、それにかなり無理をして深草の文字を当てたことも考えられるのではないか。いずれにしろ、この地名の由来は、わたしには不明である。
深草を取上げたら、次は浅草に触れざるを得ない。
・東京都台東区浅草
は知らない人はまずいないほど著名な地名だが、その由来、語義は、すこぶる難解なようである。もっとも単純な解釈は、「草が浅い」つまり草丈の短いことによるとする説で、江戸時代から語られている。民俗研究者の菊池山哉《さんさい》の立場も、これに近く、『五百年前の東京』（初版は一九五六年）の中で、

〈按《おも》うに此地《このち》が砂石層である為に、雑草の生い繁げる事も出きず、常に深草でない故《ゆえ》の名であり、北の方石浜方面を浅茅原《あさぢがはら》と云うのも、石原である為に、茅《チガヤ》だけがひょう〱として居《お》ったからの名義であろう〉（片仮名のルビのみ原著者による）

と述べている。

何となく、もっともそうに聞こえるが、雑草が生い茂らない場所を「浅草」などと本当にいったりするのかどうか。砂石層の草が長く伸びないとの指摘も、いささか疑わしい。それに、もし右のような土地を浅草と呼ぶのだとしたら、あちこちに浅草がなければならないはずなのに、この地名は非常に珍しいのである。気づいたかぎりでは、
・福島県伊達《だて》市霊山《りようぜん》町掛田《かけだ》字朝草口《あそうぐち》
・岡山県久米《くめ》郡久米南《なん》町塩之内字浅草
・大分県豊後大野市大野町宮迫《みやざこ》字浅草

・宮崎県児湯《こゆ》郡都農《つの》町川北字朝草

など、わずかしかない。

草丈うんぬんが無理だとするなら、草は日陰地ではないかと考えることは可能だろうか。浅草は、言葉からいえば、深草の対語のような形になっている。しかし、「深い日陰地」というのはありえても、「浅い日陰地」は実際に地形を指す表現としては、いかにも不自然である。結局、浅草とは何のことか、わたしにはわからない。

なお、本章を終えるに当たって、クサ、カサ地名はおびただしく存在するのに、同義のコサが付いた地名がうんと少ない理由について一言しておきたい。

われわれが理解できない、またはあまりなじみのない外国語を耳にしていて、ときおり日本語の単語のように聞こえる言葉に出合うことがある。これからもわかるように、われわれの耳は、入ってくる音を自分が知っている言葉に当てはめて聞く傾向をもっている。

コサを日常語として使っている人びとなら、この音を耳にすれば、むろんコサの語として受け取る。しかし、それをすでに忘却した地域または時代の人間は、別の言葉のように聞きがちになる。

コサに似た語としては、まずクサ（草）やカサ（笠、傘さらには瘡《かさ》）がある。つまり、だれかがコサと言ったとしても、それを身近な日常語であるクサ、カサと聞くことが少なくないといえる。これに加えて、コサには該当する漢字が、すぐには思い浮かばない。

主に右の事情から、話す者が例えばハナノコサとかカキノコサと言ったつもりでも、聞く方は、それに近い音で耳に慣れた花ノ草、柿ノ草と受け取ったとしても不思議ではない。そうして、とくに文字に移す際には、自分が思いつける漢字を使うことになる。

これが各地に草地名、笠地名が非常に多く、コサ地名がほとんどない理由だろうと思われる。

第三章　『日本書紀』の「頰枕田《つらまきだ》」は円形の田を指す

1　中島利一郎『武蔵野の地名』から

日本の地名は意味不明のものだらけだというのは、内外の研究者、観察者のほぼ一致した感想であり、嘆息である。わたしも、そのとおりだと思う。なぜ、こんなにわけのわからない地名が多いのか、その理由さえはっきりしないほどである。

日本の地名の語義を異種の言語で説明しようとする試みが、明治時代から今日まで絶えることなくつづけられているのは、一つには、それゆえに違いない。その引き合いになった言語は実にさまざまで、少なくとも十数語にのぼるだろう。中国語、モンゴル語、マレー語などはまだしも、ヘブライ語だとかレプチャ語（ヒマラヤ山中で話されているチベット語の一方言だという）まで引っぱりだしてきた人たちもいる。

異種言語の中で、もっとも根づよく、かつ繰り返し取上げられてきたのは、アイヌ語と朝鮮語である。この二つは、地理的、歴史的つながりからいって、日本の地名に深い影響を与え、そうして現在の地名に痕跡を残していると考えることには、それ相応の根拠があるといえる。

右のうち、アイヌ語については、わたしは拙著『アイヌ語地名と日本列島人が来た道』（二〇一七年、河出書房新社）および『アイヌ語地名の南限を探る』（二〇二〇年、同）で、延々と卑見を述べている。

ここに骨子だけを記しておけば、

「アイヌ語地名は、北海道をはじめ、日本海側では秋田県の最南部まで、太平洋側では、もう少し南へ下がって宮城県の北部三分の一くらいまでにしか存在しない」

となる。つまり、それより南西の地名をアイヌ語で解釈する立場を真っ向から否定している。

このような断定的な言い方をなぜするのかは、両拙著にゆずることにして、ここでは、ある日本の地名を朝鮮語で説明しようとした研究を問題にしてみたい。

日本列島と朝鮮半島の距離の近さ、人的、文化的交流の深さから考えると、日本に朝鮮語による地名が、かなりあって不思議ではない。実際、日本の地名を朝鮮語で解釈しようとした人、する人は少なからずいる。しかし、その確実な例を示すことは、実はなかなか難しい。わたしなど、あったとしてもまれだと思っている。その辺を詰めていくうえで、わたしがえらんだのは中島利一郎氏（一八八四―一九六〇年）の研究である。

中島氏は福岡県で生まれ、早稲田大学を卒業したあと、黒田侯爵家記録編集主任や国士舘専門学校（現国士舘大学）教授などを歴任した東洋語学者であった。また、人類学者の鳥居龍蔵が大正七年（一九一八）に創刊した雑誌『武蔵野』の、「編集、経営に実際上深い関係を持っていた」（本人の言葉）著述家でもある。

中島氏は疑いもなく、博覧強記の人物であった。それは、この人の著書を一冊でも読めばよくわかる。地名研究も氏の生涯にわたる関心事で、大著『日本地名学研究』（一九五九年、日本地名学研究所）を残しており、『武蔵野の地名』（一九七六年、新人物往来社）は、その抄録版である。

氏は後者の七六ページで、「ツルマキ」なる地名を取上げ次のように述べている。

〈荒地のことを、古言で「つる」、朝鮮語でもTeur（曠野）、——富士山の爆発によって火山岩が落下し、荒蕪地となった一帯の地を、甲州で都留《つる》郡というように——といっていたから、「つるまき」は「曠野《ツル》の牧場《まきば》」という意味。新宿区早稲田鶴巻町も同じである。ここに駒留橋があり、世田谷に駒留八幡神社があるが、由来はいずれも牧場からである〉（ルビは原著者による）

日本の各地に多いツルマキ（文字は鶴巻、鶴牧、弦巻など）という地名は、朝鮮語によるとしているのである。

中島氏は、日本の地名を東アジアの諸言語やアイヌ語で解釈する傾向が強かった。右も、その一例になる。

わたしが、いまツルマキを取上げて詳しく調べてみようとしているのは、第一に、地名研究には膨大な知識の蓄積（むろん、あった方がよいに決まっているが）よりは、できるだけ同一または類似の地名に広く当たり、現地に足を運ぶことが有効だと示したいからである。いいかえれば、アイヌ語地名や朝鮮語地名を問題にする場合でも、言語に通じるより、フィールドワークにこだわる姿勢が大事だとしていることになる。

第二に、おおかたがうなずける説がなかったツルマキの地名の由来が、合理的な疑いを差しはさむ余地がない程度に説明可能であり、それによって古代語研究に意外な視点を得られることに気づいたからである。

2 「ツルマキ」という地名は各地に少なくない

中島利一郎氏がツルマキの語義を考えるうえで対象にしたのは、主として、

- 東京都世田谷区弦巻
- 同都新宿区早稲田鶴巻町

の二ヵ所であった。

これらの土地が、かつて荒野であったらしいことを古文献や、自らの体験（氏が籍を置いていた早稲田大学は鶴巻町のそばにある）にもとづいて論証し、朝鮮語による解釈と矛盾しないと結論したのである。しかし、ツルマキなる地名は、東京都にかぎっても、ほかに次のようなところがひろい出せる（ただし現在では、いずれも使用されていない）。

- 豊島区雑司《ぞうし》が谷《や》字鶴巻
- 稲城《いなぎ》市坂浜字鶴巻
- 多摩市落合字鶴巻
- 八王子市石川字鶴巻
- 同市下壱分方《しもいちぶかた》（現四谷町、諏訪町、叶谷町）字鶴巻
- 府中市是政《これまさ》字鶴巻

目を全国に転ずると、その数がさらに増えることはいうまでもない。次は、ほんの何例かである。

- 秋田県湯沢市字鶴巻
- 宮城県気仙沼市松崎鶴巻
- 茨城県久慈郡大子《だいご》町浅川字鶴巻

・神奈川県秦野《はだの》市鶴巻
・長野県小諸市鶴巻
・愛知県豊橋市賀茂町字川原の鶴巻地区
・愛媛県喜多郡内子《うちこ》町福岡字弦巻
・佐賀県唐津市肥前町鶴牧
・熊本県宇城《うき》市小川町東《ひがし》海東《かいとう》字弦巻

右のうち、例えば東京都の追加分の六ヵ所は、角川書店『日本地名大辞典』中の『東京都の地名』末尾に収録されている「小字一覧」から抜き出したものである。同辞典の出版は一九七八年から九〇年にかけてであり、そのとき中島氏は、すでに鬼籍に入られていた。そのほかの地名辞典類も同氏の存命中には、吉田東伍の『大日本地名辞書』を別にすれば、ほとんど存在していなかった。つまり、今日にくらべて著しく研究環境が悪く、中島氏がわずかな例数にもとづいて推論を下したと非難するのは酷である。

　だが、それをおいても、なお問題がないわけではない。中島氏は日本語のツルを「荒地（曠野《こうや》とも書いている）」の意にとっている。このツルの付く地名は各地にみられ、同氏の出身地の九州にはことに多い。

・福岡県田川郡赤村字鶴
・大分県臼杵市諏訪字津留《つる》

大分県臼杵市の津留。臼杵川河口沿いの小平地である。

・宮崎県えびの市水流《つる》

など、ほとんど無数にある。

そのいくつかを歩いてみて気づくのは、ツルは荒地のことではなく、水に沿った小平地を指していることである。えびの市の「水流」の当て字は、それを裏づけているといえるだろう。そもそも、後述するように、ツルとツルマキのツルとは何らの関係もない。

また、山梨県の都留郡について、「富士山の爆発によって火山岩が落下し、荒蕪地となった」としているが、同郡には肥沃な河岸段丘も少なくない。そうして、ツルなる地名が、まずどこで発生したのかわからないのである。

地名を論ずる人の中には、非常に広い範囲を含む大地名を取上げて、その語義はかくかくしかじかだと結論する例がよくある。しかし、指す地域が広大だと、どんな解釈を与えても、どこかに、それに当てはまるところが見つかることが多い。つまり、何でもいえることになる。

それを避けるためには、できるだけ小さな地名をえらぶ、これが地名研究では決定的に大事なことだと思う。

3　ツルマキとは「弦巻《つるまき》」のことである

それでは、各地に珍しくないツルマキという地名は、何にもとづいて付けられたのだろうか。わたしの答は、はっきりしている。これは疑いもなく、弦巻による名である。

弦巻は、弓に張る弦（つる、げん）を入れておくための器具である。薄いドーナツを二枚重ねたような直径十数センチの器具で、あいだに弦を巻いておく。巻き方は遊具のヨーヨーの要領である。弦はよく切れるので、予備を持ち歩かなければならない。つまり、弦巻は武士をはじめ、弓を使う者たちの必需品であった。

古代から近世にかけて、弦巻は身近に見られる代表的な円形の物品であったろう。その連想から丸みを帯びた地形、地物にツルマキの名を付けたのだと思われる。すなわち、丸山とか丸岡の「丸」に当たる語と同義になる。

わたしが、こう考えるようになったのは、角川書店『茨城県の地名』末尾に載る「小字一覧」で、久慈郡大子町の小字を眺めていたときだった。そこには少なくとも次の四つのツルマキ地名が見いだせた（「小字一覧」は、小さな文字がびっしりと並んだ索引のないリストだから、どうしても見落としが生じがちになる。「少なくとも」は、その意である）。

- 大子町浅川字鶴巻
- 同町相川字鶴蒔田
- 同町中郷字鶴蒔田
- 同町小生瀬字鶴巻田

弦巻。吉川弘文館『国史大辞典』より。

大子町は山間の、さして広くはない自治体で、そこにこんなに「野牧《のまき》」があったはずはない。もっと問題なのは、ツルマキに「田」が付いた例が三ヵ所も含まれていることである。なぜ、牧場に田の文字が加わったりするのか、それが疑問の始まりだった。

実は「ツルマキ田」の地名は、全国的にかなり多い。あるいは、ツルマキだけの場合をしのぐかもしれない。わたしは調べはじめたころには、これを「円形の田んぼ」の意にとっていた。その推測は大きくは誤っていないと思うが、より正確には「馬蹄形の田」「川の湾曲部に沿った田」の方が例としては多いようである。
ツルマキ田については、いろいろと語るべきことがあるので、これは後まわしにして、いまはツルマキの言葉を冠した古墳、池、淵の話をまずしておきたい。

・栃木県小山市中里の鶴巻山古墳
・群馬県伊勢崎市東小保方《おぼかた》の鶴巻古墳
・同県高崎市倉賀野町の大鶴巻古墳
・千葉県木更津市永井作の鶴巻塚古墳

これらは、円墳や前方後円墳の後円部による名であろう。

・山形県田川郡庄内町立谷沢《たちやざわ》の鶴巻池

は、国土地理院の地図やグーグルの航空写真を見ていただくとわかるが、ほぼ円形の池である。これは、卑見を裏づける物的証拠に近いといえる。

・長野県下伊那郡阿智《あち》村智里《ちさと》の鶴巻淵

のことを、わたしが知ったのは柳田國男の『海南小記』（初版は一九二五年）によってである。角川文庫版の一六二ページに、

〈阿智川の鶴巻淵はまた例の通り、鶴は飛び立ち小判は沈むという古迹であって〉

と見えている。「鶴は飛び立ち」うんぬんは、いわゆる炭焼小五郎伝説を指しており、ここの淵にも同種の伝説があったらしい。その話は当面の主題からそれるので言及をひかえておくが、柳田は、なぜ鶴巻淵の名が付いたのか、そのわけを知っていた可能性がある。『後狩詞記《のちのかりことばのき》』（初版は一九〇八

年）に、

〈ツルマキ　絃巻。猪の首の肉なり。輪切りにしたるところ絃巻に似たり。味最美なりとす〉
（ちくま文庫版『柳田國男全集』５巻の三二ページ）

と述べており、ツルマキの語が「輪切り＝円形」の意をもつことがわかれば、鶴巻淵はそのような形の淵であろうと推測して不思議ではないからである。

わたしが鶴巻淵を訪れたのは、令和五年（二〇二三）五月のことだった。資料で、それがどこにあるのか調べがついていたわけではないが、昼神《ひるがみ》温泉の中心部の朝市広場にいた七十代とおぼしき地元の男性にたずねたところ、教えていただけたのである。男性は、

「ほぼ円形の淵で、昔は子供たちの水泳場でした。わたしも夏には、よく泳ぎに行ったもんですよ。だけど、いまは岸辺の一部を埋立ててしまいましたから、だいぶん様子が変わりましたねえ」

と言っていた。

阿智川は、朝市広場のわきにかかる恩出《おんだし》橋の一・二キロばかり上流で急屈曲している。鶴巻淵は、そこにえぐられ

長野県阿智村の鶴巻淵。もとは、ほぼ円形の淵であった。

たやや深い淵である。男性が話していたとおり、現在は右岸側に大石を積み重ねて、その岸側に白砂を敷き詰めた、きれいな砂浜が作られている。水遊びに便利なように整備をしたらしい。
そのために、もとの淵は半分以上がなくなってしまっているが、それでも旧状をしのぶことはできる。手を加える前、この淵は円形のよどみをなしており、それを弦巻にたとえたことは、まず疑いあるまい。

4 大字《おおあざ》と小字《こあざ》について

ここで次の話へ移る前に、大字および小字とは何かについて、ひととおりの説明をしておきたい。前節で取上げた、

・茨城県久慈郡大子町相川字鶴蒔田

を例にとると、相川が大字、鶴蒔田が小字になる。

大字は原則として、幕末から明治初めにかけての村の名を踏襲したものである。これには本村だけでなく、出村や枝村、さらに当時は数が少なかった町の名も含まれているようである。

柳田國男の『地名の研究』によると、明治十九年（一八八六）に内務省の地理局が印刷した「地名索引」には、全国で一九万余りの大字が列挙されていたという。その大字の中に下部単位の小字があるわけだが、柳田は、その数を各大字に平均五〇だとして、二〇万弱の五〇倍で総数およそ一〇〇〇万と計算している。

本書では、煩雑を避けるため、「大字」の文字は付記していない。小字は「字〇〇」としている。

右の「地名索引」が出る前の明治八年（一八七五）か九年ごろ、内務省は全国の自治体に、一分一《いちぶいっ》間《けん》すなわち縮尺六〇〇分の一の地図を作成することを命じている。日本全土を、それだけの精密地図

でカバーしようとしたのである。

この大地図は、ほとんどの自治体で、そのままでは、どんなお寺の本堂にも広げられないほどの大きさになる。それで、自治体の方では、これを小さく切った「切絵図（切図とも）」にして内務省へ提出した。わたしは、高知県のある村で、切絵図の副本らしい図を見たことがあるが、一辺が一・五メートルくらいあったように記憶している。おそらく、正本と同じサイズではなかったか。

先の総数で一〇〇〇万という小字は、実は切絵図に付けた表題であり、絵図の中の代表的な地名をえらんだにすぎない。通常は、そこに五つか一〇かの小地名が書き込まれていたのである。仮に平均五つとしたら、全国に五〇〇〇万、一〇なら一億の小地名があったことになる。

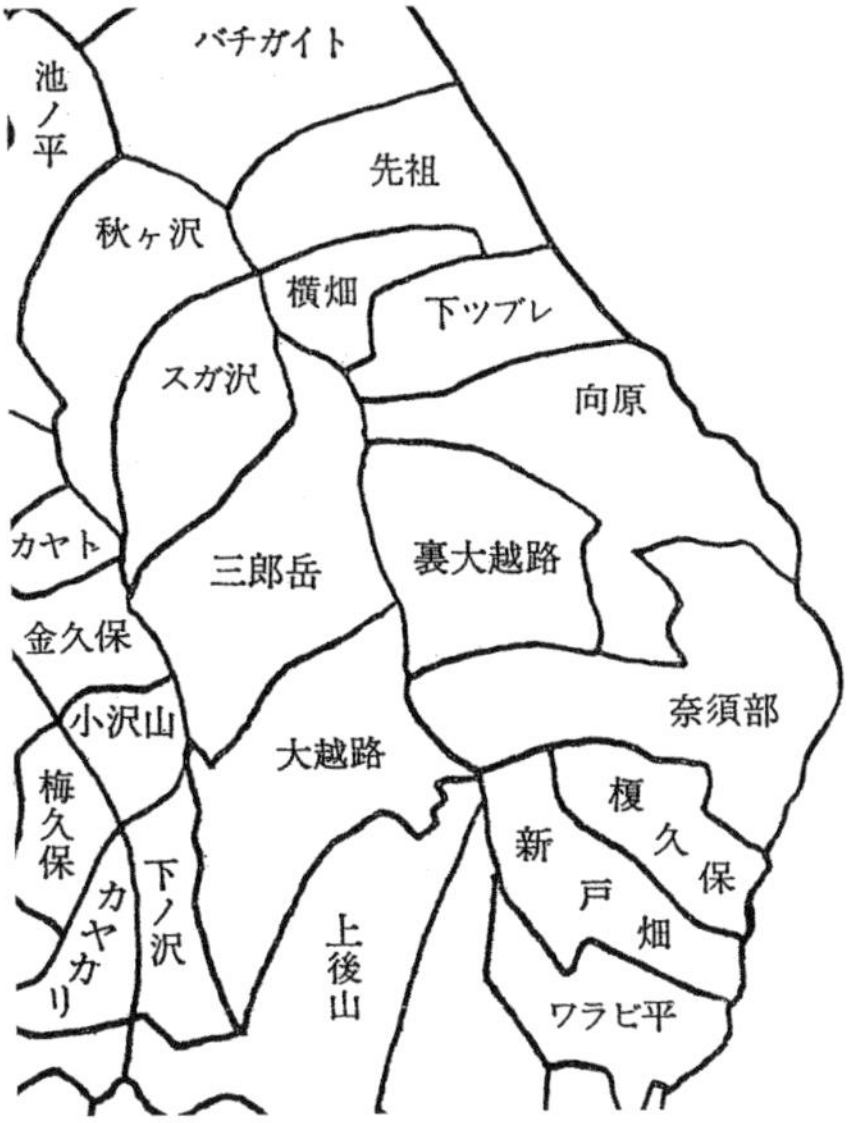

山梨県上野原市上野原の字図の一部

とにかく、それだけの膨大な数の地名が地図上に記録されていたのである。正本は東京帝国大学の、ある大教室を倉庫代わりにして保管されていたが、大正十二年（一九二三）九月一日の関東大震災で、すべて焼失してしまった。新生の国民国家が総力を挙げて収集した地名集成は、本格的に利用されることがないまま失われたのである。

しかし、各地の自治体や法務局には、右の資料の副本や、その作成作業の基礎になったと推定される資料が何らかの形で保存されていることが多い。そうして、それをもとに作った、簡便な字図《あざず》（小字の位置関係を記した一種の地図）を所持しているところが少なくないようである。

前図は山梨県上野原市大字上野原の字図の一部である。横書きの文字が書き込まれているのが小字になる。もし、だれかが「字下ツブレ」のことを調べたくて現地へ行ってみようとしたら、この図が重要な助けになるに違いない。

ただし、この図を入手するには、いちいち現地へ出向いていかなければならない。わたしも、上野原市役所でコピーしていただけたのである。たしか、平成十八年（二〇〇六）のことであった。

字図は、実は利用するのも簡単だとはいえない。位置関係を示しているだけだから、例えば下ツブレが、どこにあるのかすぐには確定できないからである。方法としては、国土地理院の五万分の一図か二万五〇〇〇分の一図を使うのがよいのではないか。これらには下ツブレは出ていないが、先祖、奈須部、大越路が載っている。下ツブレは、それらにはさまれており、先祖のすぐ南に当たると、およその見当がつく。あとは近くで現地の人たちに訊くことになる。

右は、あくまで字図が得られたうえでの話である。それが手に入らなければ、どうすればよいのか。次節では、大子町の三つのツルマキ田地名をさがし出すまでの、わたしの体験を語ってみたい。

5　小地名の現場をさがして

既述のように、茨城県久慈郡大子町の、

- 相川字鶴蒔田
- 中郷字鶴蒔田
- 小生瀬字鶴巻田

は、角川書店の『茨城県の地名』から抜き出してきたものである。

つまり、同町に「ツルマキ田」の地名が少なくとも三つあることは、この辞典をめくってみさえすれば容易に把握できる。だが、実際にそこへ行ってみようとすると、場所を特定しなければならない。その際、字図があれば作業は著しく効率が上がる。

大子町の法務を管轄しているのは水戸法務局常陸太田支局で、その所在地は大子町役場から三〇キロばかり南南東の常陸太田市山下町になる。令和五年三月、わたしは、まずここを訪ねたが、字図は入手できなかった。

「そういうものは、ここにはありません」

と言われ、代わりに「和紙原図」なるものを示された。

それは、各小字一つだけが載る地図を縮小してコンピューターでスキャニングした、きわめて精細な図であった。しかし、これでは例えば相川字鶴蒔田が、大字相川のどこにあるのか、まるで見当がつかない。ただ、それぞれに隣接する小字は付記されており、ないよりはましだと思い、一枚につき四五〇〇円を支払って三ヵ所分を手に入れた。

次に、大子町役場を訪れた。字図を担当しているはずの税務課で訊いたら、

「役場にはないと思いますよ。見たことがありませんから」

との答であった。応対に当たってくれた職員は、それなりに親切で、ほかの部署にも問い合わせてくれたのだが、やはり同じことだった。コンピューターには番地で入力しており、大字の何番地かがわかれば場所は出てくるというのである。むろん、わたしには番地は、わからない。だから、字図をさがしているのである。

実は、大子町に字図があることは、はっきりしている。現に、わたしは二〇年ほど前に同じ税務課

で、大字芦野倉分のコピーをいただいたことがある。左は、その一部である。

　現在、ここの役場で用いている電子化された番地資料の作成には、当然、字図も参考にしたに違いない。そうしてシステムが完成したあとは、ほかの原資料とともに倉庫にしまい込まれて、とくに一定の年代以下の職員は、その存在すら知らなくなってしまったのであろう。わたしは、

「字図は、あるはずですが。前にもらいましたから」

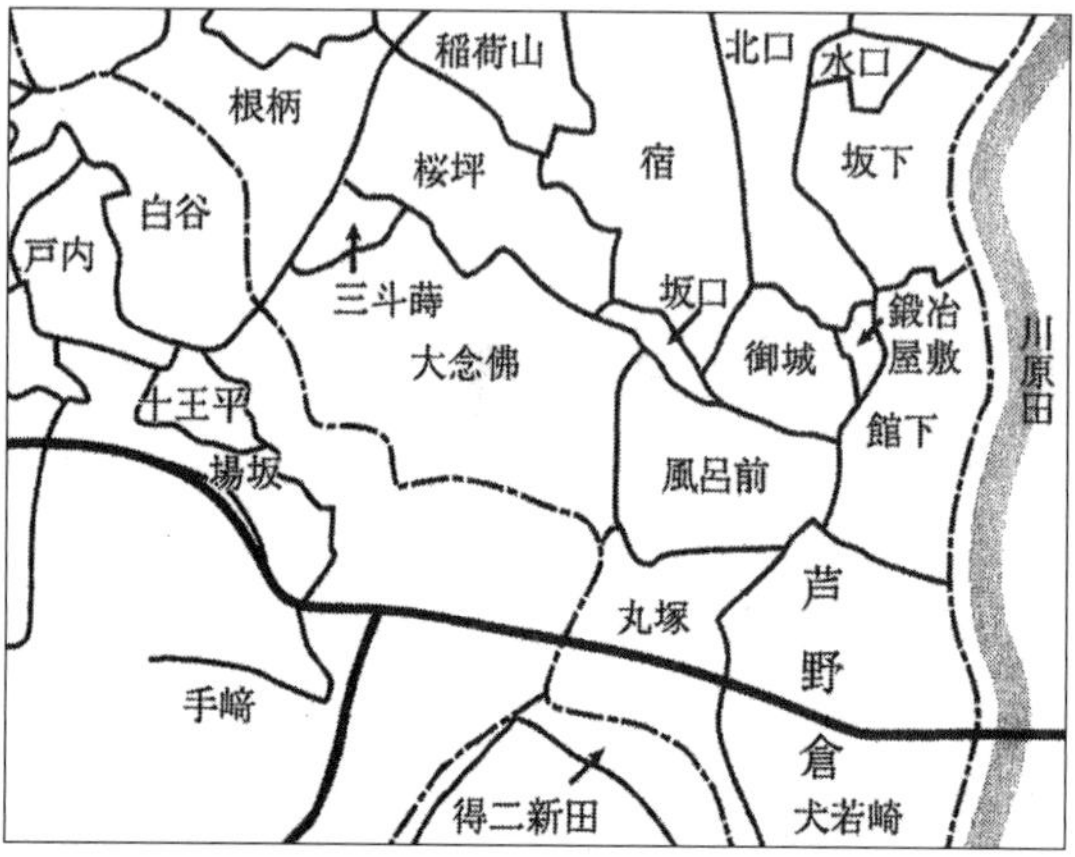

茨城県大子町芦野倉の字図の一部

とは言わなかった。町役場の職員は、よそからふらりとやってきた「地名研究者」のために仕事をしているわけではない。システムのデジタル化は、町民の便宜のためにも避けられない時代の流れである。

　わたしは、とにかく現場を歩いて三つのツルマキ田の所在地をさがすしかなくなったことになる。

• 小生瀬《こなませ》字鶴巻田

は、わりと簡単に見つかった。和紙原図では南隣の小字は下谷《しもや》沢《ざわ》とあり、下谷沢は五万図に載っているからである。

　鶴巻田は、有名な袋田の滝から東へ一・五キロほどの集落の名であり、この前で、滝川がゆるいU字型に湾曲している。そうして、そこはかなり広いリンゴ園になっていて、北側に口を開けた、きれいな半円形をなしているのである。リンゴ園は、もとは田んぼであった。それ

を弦巻に例えて、「ツルマキ田（鶴巻は、もちろん当て字である）」と呼んでいたが、のち滝川をはさんで対岸の集落名に移ったのだと考えられる。

・相川字鶴蒔田

の場合は手がかりは全くなかった。相川は広いうえ、上郷《かみごう》と下郷に分かれ、そのあいだは二キロくらいも離れている。そこに合わせて二五〇ばかりの小字が存在するのである。しかし、とにかく行ってみるしかない。

まず、下郷で見かけた七〇すぎとおぼしき男性に声をかけた。

「鶴蒔田なんて聞いたことがありませんねえ」

と予想どおりの答であった。近ごろでは、実生活で小字の名を使うことはめったにない。自分の家のまわり以外の小字など知らないのが普通のことである。

わたしは、仁田《にた》々、小田の上、上高畔《かみたかぐろ》、辻はどうですか、と訊いた。和紙原図で、それらの小字が鶴蒔田に隣接しているとなっていたからである。そうすると、男性は、

「上郷に辻坪《つじつぼ》という家がありますが、これは地名じゃなくて屋号ですよ」

と首をかしげながら、つぶやいたのだった。

小地名が屋号のようになっていることは、ときおりある。というより、屋号が地名に転用されたのかもしれない。「坪」を集落の名の下に付ける例は珍しくないので、辻坪が原図の辻である可能性はありそうだった。いずれにしろ、ほかに手がかりがない以上、ここへ行ってみるしかなかった。

辻坪という屋号の家の近くで、やはり七〇すぎらしい男性がいたので、前と同じ質問をした。男性は、

「聞いたことがあるような気がしますが、どこだったかなあ」

と言ったあと、隣の本家へ連れていってくれた。そこの松本輝夫さん（一九三五年生まれ）は、

「鶴蒔田か、そりゃ牛舎跡が建っているところだよ」

と、何のためらいもなく即答した。

牛舎跡が残っている場所は一〇〇メートルほど先にあり、もとは水田であった。横を流れる久慈川水系相川の支流（名称不明）が、ここで大きく蛇行していたから、その田んぼは馬蹄形をなしていた。

しかし、何十年か前に河道を真っすぐに付け替えたため、いまの川は半円の付け根を突っきるように直流しているということだった。

6　三ヵ所目のツルマキ田の場合

・中郷字鶴蒔田

へたどり着くには、先の二つとはくらべものにならないほどの難儀をした。

大字中郷すなわち幕末（明治初めといっても同じことだが）の中郷村は、南北五キロ、東西二・五キロほどで、北端は福島県東白川郡矢祭《やまつり》町に接している。そこに、ざっと二四〇余りの小字がある。手がかりとしては、鶴蒔田のほかには、これに隣接する石倉、橋場、金《かな》ボッコ、尻《しり》サヽキの合わせて五つの小地名があるだけだった。つまり、このどれかの所在地を知っている人を見つけなければならないことになる。

ところが、それを訊こうにも、なかなか人に出会わない。近ごろの山間地では、よく経験することである。県道を行ったり来たりしながら、やっと四人の地元住民に会えたが、どの人も首を横に振るばかりであった。

ただ、四人目の男性（一九四〇年生まれ）が、郷土史家だという弟に携帯電話で問い合わせてくれ

た。そのときは、やはり聞いたことがないとの返事だったが、間もなく折り返しの電話で、

「どうも松久保の西の方らしい」

と言ってきたのだった。何らかの資料を持っていたのであろう。


松久保は五万分の一図にも載っている。中郷の中では、いちばん南に位置する小集落である。男性は、

「松久保へ行ったら、Sさんを訪ねてみるといいですよ」

と言い、その家を教えてくれた。


Sさんは八十代の半ばくらいに思われた。わたしの問いに、Sさんは、

「その地名は聞いたことがある。たしか、この西隣の家の所有地ではないか」

と答えてくれたのだった。


そこを辞去したあと隣家へ行ってみたら、ちょうど玄関前の畑で一人の女性が土いじりをしていた。七〇歳前後であろう。わたしは近づいていって声をかけた。

「ええ、鶴蒔田には、うちの田んぼがありました。だけど、もう何十年も前に耕作をやめまして、いまは杉林になっています。田んぼの形ですか、まあ、半円形でしょうね。そばを流れている沢が、あそこでカーブしていましたから、そうなっていたんです」


女性は、石倉や橋場など隣り合った小字の名も知っていた。橋場には、名前のとおり橋がかかっているという。女性は、道が狭くて慣れないと車が脱輪するかもしれないと心配しながら、鶴蒔田の場所を詳しく教えてくれた。それがなければ、鶴蒔田がどこか結局わからなかったに違いない。

久慈川水系中郷川の支流（名称不明）に沿った林道は、小型の車がやっと通れるくらいの幅しかなかった。松久保から西へ一キロほどのところに橋がかかっていた。長さは五メートルもない。いまで

こそコンクリート製になっているが、「橋場」の地名が付いたころには、せいぜいで二本か三本の丸太を藤蔓《ふじづる》か何かで束ねただけであったろう。

橋を渡ってすぐの道路わきに、土場《どば》（伐採した木材の集積場所）の跡が残っている。女性が、これを目印にすればよいと話していた、一〇〇坪かそこらの広場である。その端で道がY字型に分岐しており、右側の山道を登って五〇メートルばかり先が鶴蒔田であった。そこの杉林は、たしかに沢に沿って馬蹄のようにカーブしていた。

大子町中郷字鶴蒔田付近の略図

そのまわりに現在、人家は全くない。耕作地も、すでに一坪もない。わたしが通ってきた林道を利用する車が、一週間に一台でもあるかどうか。要するに、周辺は深山幽谷の雰囲気であった。

しかし、ここにわずかな水田を営んで、春から秋にかけては、一キロ余りの山道をせっせと通う人びとがいる時代があったのである。いや、春の山菜採りや秋のキノコ狩り、季節を問わない柴刈りや山仕事などで、この界隈がそれなりににぎわっていた時代が半世紀たらず前まで何百年もつづいていたに違いなかった。

鶴蒔田とか金ボッコ、尻サヽキなど、いまではただ奇妙なひびきになってしまった地名は、その人たちが付けたのである。いつごろのことかは不明ながら当時、それらの地名が何を意味するのか、だれでも知っていたろう。そうでなければ、地名がもっていなければならない記号としての役割を果たせまい。

わたしが、右のような話を長々とつづけてきたのは、地名学も実証にもとづく人文科学の一分野であり、もっぱら言葉の引き当てによる地名解釈は所詮、砂上の楼閣にしかならないといいたいためである。

7 そのほかのツルマキとツルマキ田

茨城県大子町の三つのツルマキ田が、川の湾曲部に臨む水田に対して付けられた名であることは、まず疑いがない。そのような田んぼは、もっとも普通には和田と呼ばれている。それが「輪田《わだ》」の当て字であることは、改めて記すまでもない。ただし、「ワダ」のすべてが輪田だとはいいきれず、別の由来による場合もあると思う。

ツルマキだけで、下に「田」が付かない地名の中にも、輪田（半月形の水田）を指すものが含まれているようである。

・福島県いわき市常磐藤原町鶴巻

は、その例であろう。JR常磐線湯本駅の三キロほど南西に位置する鶴巻の前で、藤原川が大きく湾曲しており、その特徴は大子町のツルマキ田と共通しているからである。

さらに、鶴巻の北西側の乙沢田《おっさわだ》と、その北隣の大円田《おおえんだ》も同川の曲流部に接している。乙《おつ》沢は、「沢（藤原川）が乙字の形にカーブしたところ」、円田は文字通りの意味かもしれない。至近にある三つのU字型水田を区別するために、あえて違う名を付けたのではないか。

・福島県伊達郡国見町内谷《うちや》字鶴巻田

では、二つの半円形の田んぼが、里山のへりに沿って眼鏡のような形で並んでいる。そうして、この北側に「三角田《さんかくだ》」の小字名がある。いま、そのような形の水田はないようだが、もとはあった可能性が高い。

・福島県南相馬市鹿島区塩崎《しおのさき》 字鶴蒔田

は、これまでに紹介してきたツルマキ田とは別種の「輪田」である。

大子町などのそれは、半月のような形の田んぼなのに、ここの鶴蒔田は馬蹄に用いる蹄鉄《ていてつ》に似ている。語を替えていえば、U字の線の部分の形になる。真ん中は凝灰岩の低い丘陵で、そのまわりを幅の広くない田んぼが半円形に取り巻いているのである。

その様子は、グーグルの航空写真を見れば一目瞭然であろう。ここは常磐線鹿島駅から二・五キロほど南南西に位置し、丘の中心は岩屋堂（室町時代の磨崖仏が納められている）の四〇〇―五〇〇メートルばかり東になる。

・宮城県白石市越河五賀《こすごうごか》字鶴巻田

は、半月型とも蹄鉄型とも違う。

ここには池があり、その形は真円に近い楕円形である。こちらはグーグルよりも、国土地理院の地形図の方がわかりやすい。東北本線越河駅の一キロくらい北北西に位置して、後者では日陰沢となっている。

ところで、鶴巻池と呼ぶべきところに、なぜ鶴巻田の名が付いているのだろうか。近所の住民の話によると、池は以前は農業用の溜め池として使っていたという。どうやら、人工の池であるらしい。その前は、おそらく田んぼであり、湧き水が豊富であったため溜め池に替えたのではないか。

川の湾曲部に臨むツルマキ田の例は、もっと列挙できるが、これまでの説明でツルマキの語が何を

宮城県白石市越河五賀の鶴巻田に所在する円形の池

意味するのか、もはや明らかであろうから、この辺でいちおう終わることにしたい。

なお、本節で扱った地名が福島県と、これに北接する宮城県南部にかぎられているのは、もっぱら現地取材の都合によったものであり、ほかの地方においても、ほぼ同じ結果が得られると思う。

8　答は、すでに出ている

『日本書紀』の「神武天皇即位前紀」には、「頰《つら》枕田《まきだ》」という地名が出てくる。その前後の記述は、岩波書店の「日本古典文学大系」版の『日本書紀　上』二一一ページによると、次のとおりである。

〈又、賊衆《あたども》戦ひ死《う》せて僵《ふ》せる屍《かばね》、臂《ただむき》を枕《ま》きし処を呼びて頰枕田と為《い》ふ〉

これは、神武天皇の軍が大和地方に攻め入ったとき、これに抵抗して戦った賊軍の死体が臂《ただむき》（肘《ひじ》と同義）を枕にしたように倒れ伏していたというくだりを述べたところである。だから、いまそこを頰枕田と呼ぶのだとしている。

マクとは「枕《まく》にする」の意であり、マキは、その連用形になる。頰《つら》（ここでは顔を指す）を肘の上にのせた格好で死んでいたので、右の漢字を当てたのであろう。とにかく、ツラマキダなる地名が付けられたいきさつを語った地名説話だといえる。

記紀や『風土記』などの古典には、よく地名の起源を説明する話が見えるが、ひどいこじつけが多い。これなども、その例に漏れないめちゃくちゃな語呂合わせである。

とはいえ、これによって、書紀が成立した七二〇年より以前に、大和すなわち現在の奈良県のどこかに「ツラマキダ」と人びとが呼ぶ水田があったことがわかる。

ツラマキダとツルマキダとは、音がごく近い。相手が、例えばツルマキダと言ったつもりでも、受け取る側にはツラマキダと聞こえることだってありえる。むろん、その逆の場合も同じことである。

もう、これ以上の説明はいるまい。『日本書紀』の「頰枕田」は、おかしな文字を用いているが、円形または半月形の田んぼに付けられた名であることは間違いないと思う。

第四章　「鳥居」のトリとは境のことである

1　「峠」という言葉の語源

本章では、神社の前に立つ鳥居が、もとはどんな目的をもち、その語の原義は何かについて考えてみることにしたい。おおかたが奇妙に思われることだろうが、わたしが、そのもっとも重要な手がかりにしようとしているのは、峠に付けられた名である。それで、まず「峠」のことを取上げておきたい。

トウゲは「タムケ（手向け）」が訛った言葉だという説は、いつのころからか今日に至るまで広く行われている。通行する者が、道祖神などの道の神に、峠へ来るまでの無事を感謝し、これから先の安全を祈って手を合わせるところだから、というのである。

これに対して、トウゲはタワゴエが変化したものだとの説も、かなり古くからある。柳田國男は『分類山村語彙』（初版は一九四一年）の中で、

〈峠のタゥゲも手向けから出た語ではなくて、タワゴエのつまつた音であるといふ説は正しいと思ふ〉

と述べている。

タワとは、「撓《たわ》む」すなわち弓なりに曲がるという動詞の語根であり、右の場合には山並みが下方にたわんで、低くなっている部分（鞍部《あんぶ》）を指している。労力と時間を惜しんで、できるだけ楽な道筋をたどろうとするのは人間にかぎらない。獣でも鳥でも同じであり、峠とその上空は彼らの通り道でもあった。

峠の語源について、わたしは文句なしに、タワゴエ説を支持している。それは、現実の峠の名によって、ほぼ疑いない程度まで立証可能である。

四国では、しばしば峠にトウ（トー、トオ、タウとも表記しうる）、タワ、タオの名が付いている。

・矢筈峠《やはずとう》　高知県吾川郡《あがわ》仁淀川町《によどがわ》と高岡郡津野町の境
・泉ケ峠《いずみがとう》　愛媛県大洲市と喜多郡内子町の境

などは、ほんの一例にすぎない。

次は、大峠と書いてオオトウ、オオトと読む場合である。

・大峠《おおとう》　高知県吾川郡いの町と同郡仁淀川町の境
・大峠《おおとう》　同県高岡郡越知町《おち》と仁淀川町の境
・大峠《おおとう》　同県土佐郡土佐町と長岡郡本山町の境
・大峠《おおとう》　同県土佐町地蔵寺。大森山（六五一メートル）の南麓
・大峠《おおと》　愛媛県上浮穴郡《かみうけな》久万高原町《くまこうげん》

タムケがトウやトになるはずはない。元来は、山並みのたわんだ部分の意で、タワといっていたのが、トウやト（実際には、この二つは区別しがたい）に転訛したのである。現に、徳島県ではタワや、それに近いタオが少なくない。

・杉のたわ　徳島県三好市西祖谷山村《にしいややま》

・ホトケノタオ　同県美馬《みま》市穴吹町口山

・鵜峠《うのたお》　同県阿波市土成《どなり》町と香川県東かがわ市西山の境。国土地理院の地図には「うのたお」とルビが振られている。しかし、とくに近年では学校で「峠」の読みはトウゲだと習うものだから、これを「鵜《う》の田尾《たお》」と書き替えたうえ、下に峠の文字を加えて「鵜の田尾峠《とうげ》」などともいっている。

四国に多いトウ、タオは中国地方へ行くと、だいたいはタワになっている。

・明知峠《あけちだわ》　鳥取県日野郡日野町と岡山県新見市の境

・茗荷峠《みょうがだわ》　右に同じ。

・桑平峠《くわひらだわ》　右に同じ。

・谷田峠《たんだだわ》　鳥取県日野郡日南町と岡山県新見市の境

・王貫峠《おうぬきだわ》　島根県仁多郡奥出雲町と広島県庄原市の境

「峠」は国字（日本で作られた漢字）だが、これはどうしてもトウゲと読まれやすいためか、「乢《たわ》」という別の国字を用いた例も少なくない。

・内海乢《うつみたわ》　鳥取県日野郡江府《こうふ》町と岡山県真庭市の境

・蛇ケ乢《おろたわ》　鳥取県倉吉市と岡山県真庭市の境

峠をトウ、タワなどという地方は、決して中、四国にかぎられるわけではない。

・大石峠《おしがとう》　大分県中津市山国町と日田市花月《かげつ》の境

・大ダワ　東京都奥多摩郡奥多摩町と埼玉県秩父市大滝の境

・大ダオ　山梨県山梨市三富徳和《みとみとくわ》

さらに、

・大多和峠《おおだわ》　富山市有峰と岐阜県飛騨市神岡町の境

も、もとは単にオオダワであったろう。それがタワが峠と結びつかなくなって、多和の文字が当てられ、そこが峠だから大多和峠としたのだと思われる。

2　鳥居峠（鳥井峠）のリスト

峠には、よくトリイ（文字は鳥居または鳥井）の名が付いていることに気づいている人は、少なくあるまい。次に、その例を挙げてみる。標高は概数を含んでいる。

①鳥居峠（八八九メートル）　福島県大沼郡昭和村と同県南会津郡南会津町の境。国道401号に、新たに新鳥居峠（八四二メートル）ができている。

②鳥井峠（二七六メートル）　福島県耶麻《やま》郡西会津町と新潟県東蒲原《ひがしかんばら》郡阿賀町の境。若松街道（現在の国道49号）の峠だったが、新道ができたため、いまはほとんど使われていない。

③鳥居峠（一一一四メートル）　新潟県新発田《しばた》市小戸《おど》。峠は内の倉ダムの五キロほど北東に位置する。ただし、現在は道がないため、正確な場所を特定しにくい。

④鳥居峠（一三九二メートル）　群馬県前橋市と同県桐生市の境。赤城大沼の一キロ余り南東に位置している。大沼側からここまでは県道70号が通じている。

⑤鳥井峠（八〇八メートル）　山梨県北杜市須玉町江草《えぐさ》。みずがき湖（塩川ダム）の二キロほど南南西に位置する。現在、下を県道23号のトンネルが通っている。

⑥鳥居峠（一一六六メートル）　山梨県韮崎市清哲《せいてつ》町の青木鉱泉の二・七キロほど東に位置する。古い時代の山越え道だと思われる。

⑦鳥居峠（一三六八メートル）　群馬県吾妻《あがつま》郡嬬恋《つまごい》村と長野県上田市の境。国道144号の峠である。

⑧鳥居峠（一一九七メートル）　長野県塩尻市と同県木曽郡木祖村の境。旧中山道の峠で、菊池寛

の小説『恩讐の彼方に』の舞台の一つになった。

⑨鳥居峠（二三一メートル）　和歌山県海草《かいそう》郡紀美野町に所在。役場の三キロほど東になる。

⑩鳥居峠《だわ》（六一九メートル）　このタワは前節で取上げた中国地方に多い峠を指す言葉である。「鳥居ヶ乢《だわ》」とも書く。中国横断自動車道の蒜山《ひるぜん》高原SAから二・五キロほど南東に位置して、いま下を鳥居トンネルが抜けている。

⑪鳥居峠（三二〇メートル）　宮崎県日南市東弁分《べんぶん》にある。JR日南線内之田駅の五キロほど東に位置する。

福島県昭和村と同県南会津町境の新鳥居峠

これらの名は、そこに鳥居が立っている、または立っていたから付いたのではないかと考える人は、いるに違いない。峠は境界の地であったから、そこをおさめる神がいて鳥居があるのも当然だともいえる。

現に、⑦の鳥居峠の一〇〇メートルほど北西には石の鳥居が立っている。これについて、『角川地名大辞典』中の「長野県」には次のように見えている。

〈四阿《あずまや》山と角間《かくま》山の鞍部にあたり、四阿山山頂の白山権現奥宮への参拝口として鳥居がたつ。峠名はこれによる〉

山頂の神社は、一般には山家《やまが》神社として知られているが、白山大権現とも称しているようである。同辞典によると、峠が、そこへの参拝口に当たっていたことから、まず鳥居が立てられ、それが峠の名になったことになる。あるいは、そうかもしれない。しかし、話は逆であったことも考えられるのではないか。右のほとんどの峠に鳥居が立てられていた形跡は、少なくとも現状からはうかがえないからである。

⑩の鳥居峠の北西側登り口には、石の二本柱が立っているらしい。これを鳥居の代用とみなせないこともないが、横に渡した笠木も貫《ぬき》も付いていないことから、境界を示す柱だとするべきであろう。

境界に柱を立てる風習は古くからあった。それは、次のような峠の名からもわかる。

• 境柱《さかいばしら》峠　愛媛県伊予市中山町と同県伊予郡砥部《とべ》町中野川の境に位置する。この柱は標識でもあったろうが、原初はむしろ聖なる場所の印だったのではないか。

• 京柱《きょうばしら》峠　徳島県三好市と高知県長岡郡大豊町との境の国道439号の峠である。境の字をキョウと音読みしているうち、いつのころかに「京」と書くようになったのだと思われる。

• 評議《ひょうぎ》峠　三重県熊野市井戸町と同市木本町との境の峠。この文字によって、どんな地名説話が生まれていたにしても、その本来の語義は「標木《ひょうぎ》」であったに違いない。標は標識の標でもあるが、またシメ（占め）の意味ももつ。すなわち、注連縄《しめなわ》のシメで、神の領域と人の世界の境界線をも指していた。

峠に立てていた柱と、神社の前の鳥居には、実は本質的な違いはなかったろう。鳥居は神の領域を示すための印であり、峠の柱は神と人との世界を分ける境界の象徴だったからである。

とはいえ、両者の形式は、すでにやや離れすぎている。おそらく一〇〇〇年を超す神社建築の様式化の歴史が、「鳥居とは、このようなものでなければならない」という観念を生みだして、柱とは異なる外観の構造物に固定させたのではないか。

3　鳥坂峠と地名「鳥坂」のこと

トリイ峠については、どうしても鳥居とのかかわりを完全に否定するのは難しい。その名は、たとえ記録にも記憶にも残っていなくても、かつてそこに鳥居が立っていたことによって付いたのではないかとの推測を、だれもが納得できる形で打ち消す方法などないからである。

しかし、これが鳥坂となると話は違ってくる。この名が鳥居に由来するものでないことは、いうまでもない。では、「鳥の坂」とは何のことか。まず、その例を次に紹介しておきたい。

山梨県北杜市明野町上手（うえで）の延喜式内社、宇波刀（うわと）神社の鳥居。向かって右の柱の裏に「貞観六年」（864）の文字が刻まれている。これが追刻でないとの証拠はないが、形式からみて現存する最古級の鳥居だとされている。

①鳥坂《とりさか》峠（一〇七三メートル）　山梨県笛吹市八代《やつしろ》町竹居と同市芦川町新井《あらい》原《ばら》の境に位置する。東側の県道36号に新鳥坂トンネルが通じている。

②鳥坂《とっさか》峠（五一〇メートル）　長野市篠ノ井塩崎と同市信更《しんこう》町田野口との境。県道395号の峠である。

③鳥坂《とっさか》峠（六八メートル）　香川県善通寺市と三《み》豊《とよ》市との境。国道11号の峠である。「鳥坂」は、ときに「鳥でなければ越せないから」その名が付いたと語られることがあるが、ここの標高の低さは、その俗説を一蹴している。なお、峠の両側に、それぞれ鳥坂の地名があるところは、注目される。

④鳥《と》坂《さか》峠（四四一メートル）　愛媛県大洲市稲積《いなづみ》と西予《せいよ》市宇和町久保との境。国道55号の旧道の峠であり、現56号には

鳥坂トンネルが通じている。

これら四つの峠の現在の読みにはトリサカ、トッサカ、トサカの三通りがある。しかし、この文字が当てられたころには、いずれもトリサカといっていたろう。それが、のちにトッサカになり、トサカに変化したのである。

逆にいえば、いま普通にはトサカと称し、「戸坂」などと書いている峠の中には、もとは「鳥坂」だったものが含まれていることも十分に考えられる。だが、ここでは話をあいまいにさせないために、そのような例は「鳥坂」から除外しておきたい。

鳥坂の名は、実は峠より、その近くに付いた地名の方に多い。集落の名に移動しているのである。

⑤鳥坂《とりさか》　秋田県北秋田市阿仁幸屋渡《あにこうやわたり》字鳥坂。この集落の東で、国道105号が登り坂になっている。鳥坂峠の名は、ないようである。

⑥鳥坂《とっさか》山（四三八メートル）　新潟県胎内《たいない》市羽黒。山頂に鳥坂城跡がある。

⑦鳥坂《とりさか》城跡（三四七メートル）　新潟県妙高市上堀之内。手元の一九七四年編集の五万分の一図では、このあたりの地名が「鳥坂」となっている。

⑧鳥坂《とりさか》　静岡市清水区鳥坂。五〇〇メートルほど西に清水区と葵区との境がある。

⑨鳥坂《とっさか》　岐阜県揖斐《いび》郡大野町牛洞《うしぼら》字鳥坂。大野町と揖斐川町との境、牛洞峠（一一一メートル）南麓の集落名である。

⑩鳥坂　岡山県美作《みまさか》市上山《うえやま》字鳥坂。美作市と和気《わけ》郡和気町境の妙見山（五一九メートル）東麓の地名である。

⑪鳥坂《とっさか》　徳島県名西《みようざい》郡石井町石井字鳥坂。徳島市国府町との境に近い。そばの茶臼山（七五メートル）に鳥坂城があった。

⑫鳥坂《とりざか》　佐賀県嬉野市塩田町谷所《たにどころ》字鳥坂。JR長崎本線肥前鹿島駅の三キロほど西南西になる。

・鶏《にわとり》坂　石川県河北郡津幡町と羽咋《はくい》郡宝達《ほうだつ》志水町の境に位置する。いま普通には「にわとりざか」といっているようだが、もとは「とりざか」だったのではないか。それに「鶏」の文字を当てたため、のち現在のような読み方になった可能性がある。

ここまで来たところで、鳥坂の「鳥」とは何のことか、とりあえず卑見を述べておくことにしたい。それは、「境、境界」を意味する言葉であり、空を飛ぶ鳥とは何らのかかわりもない。こういえば、トリにそんな語義があるのなら、なぜ辞書に載っていないのかという疑問が出されることだろう。

しかし、辞書に意味を記されていない言葉など、いくらでもある。本書で取上げてきたクサ、カサ、クサカ、カサギ、ツルマキ、ツラマキダは、そのほんの数例にすぎない。日本の地名に頻出する語義不明の言葉の何割かも、これである。この一万数千年のあいだに、いつの間にか、かつてもっていた意味が忘却されてしまい、いまでは何のことかわからなくなったのである。

神社の前の鳥居も、そのような言葉の一つだといえる。これについては、「神に供えた鳥のとまり木の意」「トリイ（鶏居）の義」「鳥がとまる木に似ているから」などの語源説が主流、通説のようになっている。いずれも、自分が知っている言葉のみで語源を考えているだけのことであり、わたしには実証を欠いた空論としか思えない。

4　笠取峠と笠取山

鳥居のトリも、鳥坂のトリと同じで、「境」のことである。イは、「所在するところ」を指す接尾語だと考えられる。『広辞苑』は、このイ（居）について、

「（接尾語的に）存在すること。存在する所。雲—、田—、宮—」

と説明している。つまり、トリイとは、

「境があるところ」「境となっているところ」

の意になる。鳥居が神社の入り口に立っているのは、そこが神の世界と人間の領域との結界だからである。峠に、しばしば「鳥居（鳥井）」の名が付いているのも、同じ理由からにほかならない。

といっても、この指摘は、やはり常識を離れすぎていて、にわかにうなずけないことであろう。それで、トリとは境のことだと考えたとき初めて、その意味が了解できる峠の名を、もう一つ挙げておきたい。カサトリ（文字は、まず例外なしに笠取）である。ただし、この名はむしろ山の方に多く、その理由にも共通点があるので、合わせてリストに入れておくことにした。

①笠取峠　山形県鶴岡市小波渡《こばと》と三瀬《さんぜ》の境。旧羽州浜《うしゆうはま》街道（現在の国道7号）の峠であった。国土地理院の地図には載っていないが、第二笠取トンネルは出ている。

②笠取山（七四二メートル）　新潟県村上市山熊田と同市高根の境。山形県鶴岡市との境まで三キロほどしかない。

③笠取山（四〇八メートル。村萱《むらすげ》山とも）　新潟県佐渡市羽茂《はもち》本郷。同市南新保《みなみしんぼ》と杉野浦にごく近い。

④笠取山（一九五三メートル）　埼玉県秩父市大滝、山梨県甲州市塩山《えんざん》、山梨市三富《みとみ》の境。多摩川の源頭。三角形の山容で、これを「笠」にたとえたか。

⑤笠取峠（八九七メートル）　長野県北佐久郡立科《たてしな》町芦田と小県《ちいさがた》郡長和《ながわ》町長久保の境。いまに残る松並木で知られる旧中山道（現国道142号）の峠である。

⑥笠取山（八四二メートル）　三重県津市と伊賀市との境に位置する。

⑦笠取山（三七〇メートル）　京都府宇治市東笠取。滋賀県大津市との境まで最短で一キロほどしかない。

⑧笠取峠　和歌山県伊都郡かつらぎ町教良寺《きょうらじ》。高野山町石道《ちょういしみち》の143町石と144町石のあいだに位置する。歩道のみで車は通れず、一般の地図には載っていない。

⑨笠取峠　愛媛県四国中央市新宮町馬立《うまたて》と同町新瀬川の境。旧土佐北街道の峠であった。車では行けない。

⑩笠取山（一五六二メートル）　愛媛県喜多郡内子町と上浮穴《かみうけな》郡久万高原町との境に位置する。

右のうち山名の場合には、その形が頭にかぶる「笠」に似ていることによって付いた例があることは、おそらく間違いあるまい。

だが峠には、これは当てはまらないないのではないか。峠の形を笠にたとえるのは、やはり不自然だからである。それでは、このカサは本書の第一、第二章で説明した日陰地のことだろうか。その可能性は、あると思う。⑤など、そういってもおかしくないようである。日当たりによって付いた峠の名は、

・日《ひ》向坂《なたざか》峠　山梨県笛吹市御坂《みさか》町と同市芦川町の境

長野県立科町と同県長和町境の笠取峠。江戸時代の松並木が残っている。

・日奈田《ひなた》峠　徳島県美馬《みま》市と那賀《なか》郡那賀町の境

など、なくはない。

しかし、四ヵ所の笠取峠が「日陰地になっている」かどうか、わたしは確認できていないので、峠に付いたカサの語の意味については不明だとしておきたい。

これに対して、トリが何を指すかははっきりしている。峠はもちろん、山の方もほとんどが境界に位置しているからである。すなわち、トリイ、トリサカ、カサトリの

「トリ」の語義はみな同じで、「境」の意になる。

以上で、かなりの程度に立証をつくしたといえると思うが、さらにいくつかの事例を挙げて、卑見をよりいっそう確かなものにしたい。

5　鷲子《とりのこ》神社の名の由来

茨城県常陸大宮市鷲子と栃木県那須郡那珂川町矢又《やまた》とにまたがって、鷲子山（四六三メートル）という山がある。頂のすぐそばの鷲子山上《さんしょう》神社は、関東地方のとくに北部で暮らす人びとには、わりとよく知られている。

山と神社の名になっている「トリノコ」とは、いったい何のことだろうか。この問いに対して、おおかたが納得できるような解釈を与えた人は、たぶんいないのではないかと思うが、トリノコは実は、トリが「境」を意味する語であることを、はっきりと裏づける証拠の一つだといっても過言ではない。

この山のことに触れた最初の文献は、八世紀成立の『常陸国風土記』である。その「那賀郡」の条には次のように見えている。

〈那賀《なか》の郡《こほり》　東は大海、南は香島《かしま》・茨城の郡、西は新治《にひばり》の郡と下野《しもつけ》の国との堺なる大き山、北は久慈の郡なり〉（原漢文。読み下しは岩波書店の「日本古典文学大系」版による）

右の「（常陸国）新治の郡と下野の国との堺なる大き山」が、いま鷲子山と呼んでいる山を含む鷲子山塊を指していることには、およそ異論がない。つまり、常陸国（茨城県）と下野国（栃木県）との境に位置する山を、いつのころからかトリノコと称して今日に至っていることになる。

それは、山上に鎮座する神社の鳥居、社殿および境内の現在のありようにも、はっきりと影を落としている。それらのすべてが茨城、栃木両県の境界できれいに二分されているのである。いいかえれば、全部が半分は茨城県に、もう半分が栃木県に属していることになる。まるで、大昔からそうしなければならない決まりでもあったかのようである。

そうだとすれば、トリノコのトリは「境」の意に違いないといっても、こじつけだということにはなるまい。それではノコとは何のことか。ノは所有、所在を指す助詞「ノ」である。「新治の郡」とか「下野の国」などのノにひとしい。

コは、わたしは「郷《ごう》」の訛りだと思う。郷がコになる例は、たまにあるらしい。

・山形県西置賜《おきたま》郡飯豊《いいで》町手《て》ノ子《こ》

のテノコは、「出の郷（出村、枝郷のこと）」が原義だとする説が当たっているのではないか。

・長野県北佐久郡立科《たてしな》町芦田字和子《わご》

のワゴは、古い文献には「和郷」と記されていた。

結局、鷲子山麓の地名「鷲子」とは、「トリの郷」すなわち「境の村」の意になる。それが、のちに山の名や神社の名になったのである。トリノコは中世までは「鳥子」の文字を当てていたが、江戸時代の前期に「鷲子」と変えられて、いまに至っている。

「トリの郷」の地名は、ほかに少なくとも一つは

鷲子山上神社の鳥居のあたり。社殿も境内も、すべて茨城県と栃木県にまたがっている。

ある。現在の、

- 群馬県太田市鶴生田《つるうだ》町

にあった旧「鳥之郷《とりのごう》」村である。現行の行政地名からは消えてしまったが、その地内の鳥之郷小学校や鳥之郷団地に名を残している。

鳥之郷の西隣には、

- 太田市鳥山上《とりやまかみ》、中《なか》、下《しも》町

が現存する。鳥山は、一六世紀末の検地帳では「鳥山之郷」と書かれていた。

鳥之郷のトリと鳥山のトリが同じ動機による命名であることは、まず疑いあるまい。つまり、この一帯を「トリ」とか「トリ山」と呼んでおり、もとは「境」を指していたろう。それは非常に古い時代のことで、どことどことの境界か、すでに決しがたくなっている。

なお、鳥子の地名は、

- 宮城県東松島市矢本字鳥子《とりこ》
- 宮崎県西都《さいと》市三宅字鳥子《とりこ》

など、ほかにもないわけではない。

しかし、これが「トリ（境）郷」の意かどうか不明である。とくに、前者の近くには鳥巣《とりのす》（鳥の巣とも）、鳥ノ巣、鷹の池、鷺ノ巣岩など、飛ぶ鳥に由来すると思われる地名があり、鳥子も、それであるかもしれない。

6　京都三大墓地の一つ「鳥辺野《とりべの》」について

鷲子と並んで、京都の三大墓地の一つ鳥辺野も、トリに「境」の意があることを示す有力な証拠だ

といえる。三大墓地とは、

- 化野《あだしの》（京都市右京区）
- 蓮台野《れんだいの》（同市北区）
- 鳥辺野（同市東山区）

のことである。化野と蓮台野が、なぜ墓地の名になったのか、辞書をめくれば容易に想像がつく。すなわち、「あだし」は「はかない」の、「蓮台」は「仏の像をのせる蓮の花の形の台座」のことであり、ともに人の死と結びついた言葉である。つまり、化野や蓮台野が墓地の名に付いたとしても何の不思議もないことになる。

しかし、どんな辞書を調べてみても、「トリ」に人の死につながるような意味があることなど載っていない（と思う）。となると、鳥辺野の場合には、それが墓地の名になった理由が、少なくとも辞書に頼るかぎりは、わからないといってよいだろう。

鳥辺野は現在では、清水寺の南西、大谷本廟《ほんびょう》（東山区五条橋東六丁目）東側の墓地を指すのが普通である。だが古くは、もっと広い範囲を含んでいた。鳥辺野は、また鳥辺山とも呼ばれており、これは現大谷墓地の八〇〇メートルばかり南東の阿弥陀ヶ峰《あみだがみね》（一九六メートル）のことであったとされている。鳥辺野は、その北、西、南側の緩斜面を称していたのである。

ここが墓地になったのは平安京遷都のころ、つまり八世紀の末か、それ以前であったらしい。鳥辺野あるいは鳥辺山の名は、さらに古くから存在していた。そのトリは「境」のことであったに違いない。ただし、おそらく行政区のそれではなく、いわゆる東山と、その麓の境界域の呼び名だったのではないか。べは山辺、川辺、池辺、沼辺などの「べ」で、トリべは境のあたりを意味していたろう。

そこは神の領域としての山と、人間世界の平地とのあいだに位置して、葬送の地の条件をそなえていた。むろん、まだ人はほとんど住んでおらず、それでいて新しい都に近すぎもせず、遠すぎることもないという現実的な要請に合致していたことも、その後の墓地としての発展につながったと思われる。

トリには境の義があることを裏づける地名は、以上に挙げたほかにも少なくない。ミミトリもその一つであろう。ここでは、峠の名にかぎって例示しておく。

• 愛媛県大洲《おおず》市長浜町と同県八幡浜市日土《ひづち》町境の耳取峠（標高五九〇メートルほど）
• 愛媛県大洲市肱川《ひじかわ》町と同県喜多郡内子町境の耳取峠（六〇〇メートルほど）
• 鹿児島県曽於《そお》市財部《たからべ》町の耳取峠（三八〇メートルほど）
• 鹿児島県南さつま市坊津《ぼうのつ》町の耳取峠（一五〇メートルほど）

この場合のミミは「聖地」を指す言葉だと思うが、そう考える理由は長くなるので、拙著『縄文語への道』（二〇二一年、河出書房新社）の第七章「『耳』は、なぜ尊称とされていたか」にゆずりたい。

本章2節で取上げた、

②鳥井峠（二七六メートル）　福島県耶麻郡西会津町と新潟県東蒲原《ひがしかんばら》郡阿賀町の境

から、二・五キロほど西に、

• 惣座《そうざ》峠（三五七メートル）

がある。

ともに、若松街道（現在の国道49号）の峠だが、惣座の方が八〇メートル余りも標高が高い。この惣座峠の東側登り口に福取（新潟県阿賀町福取）という集落がある。このトリも、やはり境のことかもしれない。

最後に、もう一つ、

・雲取山（二〇一七メートル）　東京都奥多摩郡奥多摩町、埼玉県秩父市大滝、山梨県北都留郡丹《た》波山《ばやま》村の境

のトリも、境のことではないか。少なくとも、そう考えると、なぜ、この山が三つの都県にまたがって位置しているのか、よく理解できるといえる。

福島県西会津町と新潟県阿賀町境の鳥井峠。若松街道の峠だったが、新道ができたため現在はほとんど使われていない。

第五章　卑弥呼《ひみこ》のような女性のことを「大市《おおいち》」といった

1　文献と日常言語とのずれ

国語辞書は、だいたいは文献をもとにして編まれている。とくに、録音機もない時代の言葉遣いは、基本的にそうするよりほかに方法がない。ところが、文献は日常言語から過不足なく資料を収集しているとはかぎらない。日常的には、ひんぱんに使われていても、文献にはほとんど現れない言葉は少なくないのである。

本章で扱う「イチ」も、そのような語だといえる。いま、日本最大の収録語数をおさめる小学館の『日本国語大辞典』の「いち【市】」の項をめくってみると、そこには次のように見えている。

〈いちこ（市子）①の略〉

これだけである。ただし、市場（マーケット）や、それから派生した「市街、まち」については非常に詳しく説明されている。「これだけ」というのは、あくまで本章で取上げるイチにかぎってのことである。

一方、「いちこ【市子・巫子】」の項の①には、

〈神前で神楽を演奏する舞姫。神楽女（かぐらめ）。神巫（みこ）。一殿（いちどの）。いち〉

とある。要するに、同辞典では、イチはイチコのコが略された言葉であり、イチコとは神楽女《かぐらめ》、神《み》巫《こ》の意だとしていることになる。

しかし、イチはイチコのコが略された語ではない。話は逆で、まずイチなる言葉があって、それにコ（子。この場合は「人」といったほどの意）が付いたのがイチコである。それは、これからの本書の記述によって、ほぼ完全に証明されるだろう。

さらに、同辞典のイチコの定義も簡単すぎる。それで、とりあえず、柳田國男の『分類祭祀習俗語彙』（一九六三年、角川書店。のち河出書房新社より改題再刊）から補っておきたい。以下は「イチ」の項の全文である。

〈イチ　滋賀県愛知《えち》郡や神崎郡で、神社付属の巫女・神楽を舞う者をいう。また高知県の室戸あたりでは、イチサンともいい、氏神社に三人ずつおり、十三、四歳のときから老女になるまで、神楽を舞う役をつとめる。神祭《じんさい》のおりの酒盛りにはイチが酒を注ぎ、祈禱のおりは神主の次にすわる。家々の神祭にも招かれて行き、病人の祈禱うかがいなども頼まれてする。夫は漁師をしている（漁村民俗雑記）。長崎県五島の福江でも、イッドンといえば神楽舞女のことであり、壱岐ではイチジョウという〉

右のうち、「巫女」を何と読むのか、わたしにはわからない。各種の漢和辞典によると、「巫」の音はオまたはヨ、訓は「わらう」だという。神社付属の「わらい女」など、寡聞にして耳にしたことがない。だが、その音訓が何であれ、意味は巫女《ふじょ》すなわち「みこ」のことであろうと思う。とにかく、柳田が目にした滋賀、高知、長崎三県の資料では、いずれもイチとは「神楽を舞う者」とされている。高知県の例では、同時に祈禱にかかわったことが知られる。

柳田は『巫女考《ふじょこう》』（一九一三―一四年発表）の冒頭でも、「イチ」の語を取上げている。柳田は「ミコ」には、「やや大なる神社に付属して、神前に歌舞を奏し、また湯立《ゆだて》の神事に関与する者」と「タタキミコとも口寄せともいう、たいてい何村の住民であるかよくわからない者」の二種類があるとして次のように述べている。

〈東京人はこのミコ（社頭で鈴を持って舞うミコを指す＝引用者）に対して口寄せのミコをばイチコといっている。しかるに地方によっては反対に神社に従属する巫女をイチまたはイチコという処がある。京阪地方も古くからそうであるらしい。常陸では相当の神社に大市《おおいち》・小市《こいち》若しくは市子と名づけて祭事に与《あずか》る者がある。あるいは宮市子ともいう。元は皆女子の業であった（常陸国誌）。土佐で多くの社に佾《いち》という者がいるのもまたこれであろう〉

明治初めごろの標準語、文章語では、イチコは口寄せの方のミコを意味することが多かったようである。当時、イチコやそれに相当する民間宗教者は各地に広く存在しており、明治六年（一八七三）、政府は「人民を眩惑せしめる」として、「梓巫《あずさみこ》・市子《いちこ》・憑祈《つきぎ》禱《とう》・狐下《きつねさ》げ」の所業をいっさい禁止している。このイチコは今日、「拝み屋さん」などと呼んでいる祈禱者を指しているが、その一方で大神社に所属する「干菓子《ほしがし》のごとく美しい少女」（『巫女考』）をイチ・イチコと称する地方もあったことがわかる。

要するに、イチとは一種の宗教者のことであり、ここ何世紀かの使用例では神楽を舞うミコや、口寄せなどにかかわる祈禱者を意味していたと理解して大過あるまい。だが、これから追いおい記していく事実によって、イチがわが国の固有信仰をつかさどっていた中核的な宗教者であったことが明らかになってくると思う。

2 「イチ」地名は各地に、おびただしく存在する

地名は、過去のいずれかの時期に、そこで暮らしていた人びとが、だいたいは無意識のうちに残した言葉の記録である。すなわち、もとは普通の名詞であり、そのころの住民には意味も自明のものがほとんどであった。

したがって、ある地名が、あるところに存在しているということは、そこでそのような言葉が使われていたことになる。特定の地名が多数あるとすれば、その語が日常的に広く用いられていたことを示しているのである。

「イチ」が付く地名は、各地に非常に多い。もちろん、その中には、

・岐阜市一日《ひと》市場《いちば》
・三重県四日市市
・広島県廿日市《はつかいち》市
・岡山県新見市上市《かみいち》
・島根県大田《おおだ》市久利《くり》町市原字今市
・山口県周南市古市

などのように、日限市《ひぎりいち》（定期市）や常設市によるものが、たくさん含まれている。

また、

・岩手県二戸《にのへ》市浄法寺《じょうぼうじ》町一反田《いったんだ》
・東京都八王子市上壱分方《かみいちぶかた》町
・静岡県浜松市浜北区油一色《あぶらいっしき》
・愛知県一宮市

などのように、イチが「一つ」や「一番目」を指す場合も少なくない。

しかし、市場や一つ、一番目では、どうしても解釈がつかないイチ地名も、またおびただしい。その例として、イチノセ（文字は一ノ瀬、市之瀬など）、イチノタニ（一の谷、市之谷など）、イチノノ（ほとんどが市野々）が挙げられる。

いま右の三つが『新日本地名索引』（一九九三年、アボック社）に、それぞれいくつくらい載っているのか数えてみると次のようになる。

・イチノセ　九〇ほど
・イチノタニ　三〇ほど
・イチノノ　三〇ほど

同書は、植物分類学者の金井弘夫氏が、指導していた学生たちの協力を得て、国土地理院発行の二万五〇〇〇分の一地形図四三四三面に出ている全地名を抽出、五〇音順に並べた地名索引辞典である。総項目数は約三八万で、そのままで所在地を確認できる地名索引としては現在、最多であろう。

これには当然ながら、同地形図に見えない地名は含まれておらず、地名についての説明もいっさいない。だが、どこにどんな地名が存在するのか簡単に調べられるので、地名研究には欠かせない資料となっている。ただし、読みを誤っていることもたまにあるので、その点では注意が必要である。

既述のように、明治の初めに内務省が全国の自治体に命じて作成させた地名資料には、小字《こあざ》だけで少なく見積もっても一〇〇〇万ほどが収録されていたと推測される。これの正本は大正十二年（一九二三）九月一日の関東大震災で焼失してしまい、いまとなっては全貌は知りえない。

アボック社の地名索引に載る三八万のうち、明治初めの小字に当たる地名が、どれくらいの割合を占めるのかわからない。ただ、ここではうんと多めに見積もって三〇万としておいても、一〇〇〇万の三〇分の一程度にすぎないことになる。そうでありながら、イチノセ、イチノタニ、イチノノだけで一五〇を数えている。実際の地名数は、これよりけた外れに多いだろうと想像しても、こじつけということにはなるまい。

福井市市ノ瀬町の熊野神社。この前で高須川が大きく蛇行している。

右の三種の地名が、市場によって付いたものでないことは、おおかたがうなずけるところではないか。わざわざ瀬や谷に人と物資が集まる必然性はなく、野は通常、町場から遠くて、多数の人間が食糧や水を得るのに便利だとは思われないからである。市が立ったのは、だいたいは町の中か、その近くであった。

それでは、これらは「一番目の」を意味しているのだろうか。それは、まずない。三つの地名が付いている場所の近くに、ニノセ、サンノタニ、サンノノなどの地名は皆無か、ほとんどないのである。また、野は、その地形上の性格から、一番目、二番目などと数えにくいといえる。

さらに、現実のイチノセ、イチノタニ、イチノノを訪ねても、しばしばいまなお深い山中や人里を離れた場所にあって、かつて市が立っていたらしい様子は全くうかがえない場合が少なくない。では、これらの地名は何によって付いたのか。次節から、その由来を具体例にもとづいて考えてみることにしたい。

3　土佐国の「佾《いち》」と呼ばれた宗教者

先に引用した柳田國男『分類祭祀習俗語彙』中の「イチ」の項は、記述の大半が高知県の例についやされている。祭祀関連にかぎらず、同県は一般に古い言葉が多く残存している土地として研究者に知られているらしい。イチも、あるいはその一つかもしれない。

現南国市岡豊《おこう》の八幡神社に伝わる『土佐長岡郡江邑《えむら》郷別宮《べつく》八幡縁起』(原本は中世の成立とみられている)には、

〈御神事、榊《さかき》ニ幣《しで》ヲ付《つけ》、机ノ上ニ置テ佾、太夫《たゆう》、下司《げし》初《はじめ》社人舞曲有、佾ハ颯々《さつさつ》ノ鈴ヲ振ル、太夫ハ榊葉ニユウシテ付、神歌ヲ謡フ〉(読点と仮名は引用者が付した)

というくだりが見え、はっきりとイチなる語が使われている。

これは神社での神事舞についての説明だが、そこでは太夫(神主)が神徳をたたえる神歌を謡い、イチがそれに合わせて鈴をシャッ、シャッと振りながら舞ったのである。「榊葉にユウシテ(木綿《ゆう》幣《しで》)付」とは、サカキの葉に七夕の短冊のような感じで、細長く白い紙の幣を結び付けていたことを指している。ユウシデは古代には木綿《もめん》の布であったが、のちには紙で作っていた。

右の「佾」の漢字は、土佐の古文献にはときどき現れる。佾は漢和辞典によると、イツまたはイチの音をもち、中国・周代の舞楽の制で舞人の列を意味し、一佾《いちいつ》は舞人八人になるという。イチに、こんな見慣れない漢字を用いたのは、当時のイチと舞いとのかかわりを考えてのことではないか。

なお、研究者には佾にイツのルビを振っている人が多いが、この言葉を「いち」「イチ」と仮名表記した資料も珍しくないので、少なくとも土佐の舞人はイチと呼ばれていたと思われる。

例えば、土佐の町人学者、桂井素庵《かつらい》の寛文四年（一六六四）十月十一日の日記には、

〈いち舞申《もうす》也、此いちは生所ハ長浜（現高知市長浜＝引用者）のいちニて御座《ござ》候へ共《ども》、余り能舞《よくまい》又美女成故《なるゆえ》〉

とあり、土佐の儒者、戸部愿山《げんざん》の随筆『韓川筆話《かんせん》』（一八世紀後半の成立）には、

〈本州（土佐国のこと＝引用者）諸所の神社にいちてふ（という）あり、巫《かんなぎ》を方言にいふなめり、舞をまふて神楽をなす、いかなる事ニて、いちてふ事をしらず〉

と見えている。

豊臣秀吉の「太閤検地」の一環として、一五八七年から九七年にかけて土佐国で実施、作成された土地調査の記録『長宗我部地検帳』にも、イチについての記載が散見される。ここでは、そのほんの一部を紹介しておきたい。

地検帳の「高岡郡戸波郷《へわ》」（現土佐市家俊《いえとし》一帯）の部によれば、いま琴弾《ことびき》八幡宮が所在する地内の

「タケハタ」に三人のイチが隣合って住んでいた。

・一所三十代　出《で》三十二代　下《げ》　惣《そう》ノ佾給

・一所三十代　出二十六代　下　常住佾給

・一所三十代　出二十八代　下　権《ごん》ノ佾給

（一部の文字表記を通常のものに変え、当面の説明に不要な部分は省略してある）

一代は六坪だが、当時は江戸期以後よりいくぶん長い竿を使って測量していたから、今日のそれより少し広い面積になる。「出」とは新たに開墾・整地された土地のことであり、「下」は田畑、屋敷地などを上、中、下、下々の四つに分けた等級の三番目であることを示している。

これによって、そのころ琴弾八幡宮に付属して三人のイチが住んでいたことがわかる。当然、同社の神事につかえることを職掌としていたろう。なお、彼らは惣（総にひとしい）、常住、権《かり》（仮の意）と異なる冠称を付けられているが、本来の給地は三十代でそろっており、出分もたいして違わないことから考えて、それらは年功の違いのようなものではなかったか。

ここから南西へ一キロほど、同じ戸波郷の乙丸《おとまる》村（現在は音丸と書く）にもイチがいた。

・一所三十代　出一反三十三代四分　下《げ》ヤシキ　せうちう佾給

イチは一人（一家族）しかいなかったのに、わざわざ「せうちう（常住）」と冠している理由は、はっきりしない。また、このイチが、どの神社に属していたのかも不明である。あるいは、いくつかの神社をかけもちしていた可能性もあるのではないか。

次は、琴弾八幡宮から一〇キロばかり南南西、現在の須崎市大谷の例である。

・神主ヤシキ　一所二反　中ヤシキ　神主　藤左衛門ゐ

・イチヤシキ　一所十六代　下山《げやま》ヤシキ　佾給　佾居《い》

ここの神主とイチは、境内に樹齢一二〇〇年とも二〇〇〇年ともいわれるクスノキの巨木が立つ現須賀神社に所属していたことは、まず間違いない。

右の「ゐ」「居」は、居住しているの意である。一反は三〇〇坪なので、神主屋敷の面積は六〇〇坪になる。等級は「中」であった。これに対して、イチ屋敷は九六坪しかない。しかも、等級は「下」である。

高知県土佐市太郎丸の琴弾八幡宮。戦国時代ごろ、この神社には神主のほか三人のイチが付属していた。

さらに、神主は名前を記されているのに、イチはそうではない。それは戸波郷の二ヵ所、合わせて四人のイチも同じであった。『長宗我部地検帳』では武士には姓と名を、農民などには名のみを書き加えることを慣例としている。両方とも記さないのは「坂ノ者」（当時、皮細工にかかわっていた被差別民）らにだけ見られる特徴である。

この事実に、屋敷地の狭さや等級の低さを考え合わせると、中世末ごろの土佐で、イチが置かれていた地位が、どんなものであったのか容易に想像できそうである。なお、地検帳に記録されたイチが男性または女性だけだったのか、どちらもいたのか決定しうる手がかりがない。

しかし、いずれであれ、そのころ土佐国にイチという一種の宗教者が広範に存在していたことは確実である。

4　伊豆田《いつた》神社と市野瀬と市野々

『延喜式』は、延喜五年（九〇五）に編纂が始まり、二二年後に完成した古代の法令・制度集である。その中に「神名帳《じんみょうちょう》」が含まれており、そこには二八六一の神社（複数の神を祀ったところがあるので、祭神の数では三一三二座）が記載されている。うち「大」が三〇四社（四九二座）を数え、残りは「小」になる。

『延喜式』に名が出ているということは、少なくとも一一〇〇年ほどの歴史をもつことを意味する。神社は由緒の古さを尊しとする傾向があるから、式内社に比定された神社は、それを大いに誇りとすることが多い。ただ、その所在地は何国の何郡までしか書かれておらず、それが現今のどの神社に当たるのか決定が難しい場合も珍しくない。そのために、いくつもの神社のあいだで式内社争いが起こることもある。

土佐には式内は一九社（二一座）で、「大」は「都佐坐神社《とさにますじんじゃ》」すなわち今日の土佐神社（高知市一宮）のみであった。ここを含め、ほかの一八社にも、だいたいは定説とされる神社があり、式社争いはあまりないようである。

土佐清水市下ノ加江《しものかえ》字市野瀬の伊豆田神社は、式内の「伊豆多神社」に比定されている。式内社には現在でも堂々とした構えの神社が少なくないが、ここは市野瀬集落から北西へ一・五キロくらい、九五段の苔むした石段を登った深い山中に位置して、社殿は「これが式内か」と思うほどにささやかである。

土佐の儒学者で、前節冒頭に紹介した現南国市岡豊の別宮八幡宮の神主でもあった谷秦山《じんざん》の『土佐国式社考』（一七〇五年成立）によると、伊豆田神社は、このころよりもっと前には背後の高知山に鎮座していたが、いつとも知れない時代に当時の社地（現在地と同じであろう）へ移されたと「里人」が語っていたという。どうも、『延喜式』が編まれた一〇世紀前半ごろには、もっと奥に社殿があったらしい。

伊豆田神社は市野瀬の人びとが世話をしている。そうして、市野瀬には、ほかに神社はない。つまり、伊豆田神社は実質的に市野瀬の氏神だといえる。氏神は、ふつう村の中にある。直線距離で一・五キロ（古くは、それ以上）も離れている例は、かなり珍しい。

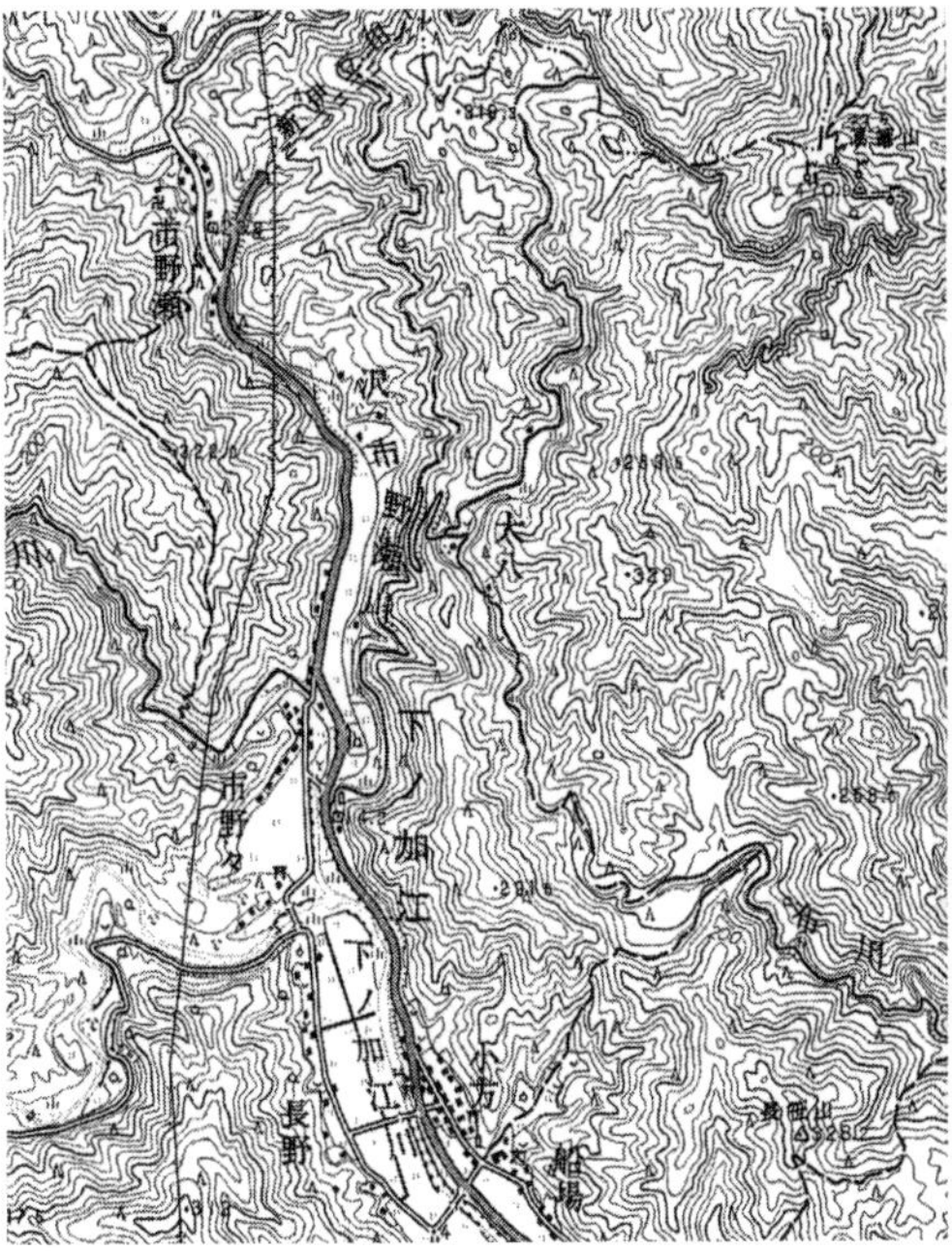

高知県土佐清水市下ノ加江付近の地形図。市野瀬と市野々が見える。５万分の１地図「土佐中村」より。

ともあれ、山間の一小村の氏神が「神名帳」に名を載せられているのは不審である。おおかたは、もっと広い信仰圏をもつ神社がえらばれていた。だからこそ、全国でたった二八六一社にかぎられていたのであろう。

不審を解く鍵は、市野瀬から市野瀬川を三キロばかり下った市野々の氏神、天満宮と、さらに一キロほど下流の小方《おがた》の氏神、神母《いげ》神社にある。この両社とも祭礼は旧暦の九月二十五日で、伊豆田神社と同じである。三社は単に祭日が重なるだけでなく、祭りそのものが一体化していて、いずれの神輿も、いったんは天満宮に集結することになっている。要するに、いまは三つに分かれているが、もとは一つだったと考えられるのである。天満宮や神母神社の名は、ずっとのちに付けられたのだと思われる。

そうだとするなら、伊豆田神社は市野瀬川と、その本流の下ノ加江川下流域一帯にわたる広い地域の住民たちの信仰対象であったに違いない。だからこそ、式内に列せられたのである。

それほどの神社であれば当然、専門の神職集団がいなければならない。いたとすれば、前節で紹介したように、彼らが「イチ」と呼ばれていたとしても不思議ではない。実際、伊豆田神社にもっとも近い集落の名は市野瀬である。これは「イチが住む瀬」の意である可能性がきわめて高いと思う。

イチ地名のうち、イチノセがきわだって多いのは、川の瀬（浅くて流れが速くなっているところ）は禊《みそぎ》に適しているからではないか。イチノタニも、これであろう。のちに例示するように、そのように受け取れる場所は珍しくない。

となれば、天満宮を氏神とする市野々も、「イチの住む野」を指すことになる。ここの場合、「野」は市野々川が市野瀬川に合する大きな河原のような場所であり、水のない山すそといったイメージからは遠い。

『長宗我部地検帳』が作成された一六世紀末には、ここらあたりには、すでに「佾《いち》」は居住していなかったようである。おそらく、かつて高知山に鎮座して式内にも加えられていた伊豆田神社は、何らかの理由で衰えてしまい、社殿も現在地に移って情けないくらい小さくなっていたのではないか。そうなったら、もはやイチは必要がないというより、イチなる職分では生活できなくなっていたろう。

なお、伊豆田神社の「イツ」も、「イチ＝佾」と同語源の可能性がある。そうして、「タ」が「ト（処）」の訛りだとすると、イツタは「イチがいるところ」の意になる。

伊豆田神社から北東へ三〇キロ前後、

・幡多郡黒潮町市野瀬と同町市野々川

も至近に位置している。

市野々川は地検帳には「市野々村」とあるので、この地名が前の川（伊与木川の支流）の名になり、のち集落の名にも使われることになったといえる。地名→川の名→地名と変化する例は珍しいことではない。ここから六キロばかり北東の集落が市野瀬である。

両村の氏神は、ともに河内《かわち》神社で、しかもどちらにも牛頭天王《ごずてんのう》社があった。これだけで、土佐清水市下ノ加江の市野瀬と市野々のような密接な関係を想定することは適当ではない。しかし、同じ伊与木川水系に属して、そう離れていないことから、二つの地名とも河内信仰（水神信仰の一種であり、いまも土佐では珍しくない）、または牛頭天王信仰にかかわるイチの居住によって付いた可能性があるのではないか。

なお、黒潮町市野瀬には「イヅノオク」の小字が残っている。この「イヅ」もイツ＝イチの訛りで、イヅノオクとは「イチ屋敷の奥」のことかもしれない。

5　そのほかのイチ地名を見る

・大分県玖珠《くす》郡玖珠町戸畑字市ノ村

は九州山地の北端近くに位置して、玖珠川の上流を見下ろす小さな山村である。平成二十二年（二〇一〇）当時で一一戸、過疎化が始まる前でも十数戸しかなかった。

一帯の地形はかなり険しく、また人家の集まり具合からいっても、市場が立っていたことによる地名だとは考えにくい。この地名がイチの居住に由来することは、いくつかの状況証拠によって裏づけられそうに思える。

この小集落の資料上の所見は、建武五年（一三三八）の「豊後国小田道覚跡田屋敷注文」で、そこでは「一ノムレ」と表記されている。ムレはムラの転訛または、それと同義の語だから、七〇〇年ばかり前の南北朝期すでに「イチの村」と呼ばれていたことがわかる。

集落の住民によれば、一一戸のうち一〇戸が「湯浅」姓を名乗り、祖先は現和歌山県有田郡湯浅町から、ここへやってきたとの伝承があるという。氏神は伊勢神社であり、その名が紀伊国の隣の伊勢国あるいは、そこの伊勢神宮にもとづく可能性が高いらしいことを合わせ考えると、伝承がただの作り話だともいいきれまい。

ここのイチがどんな存在であったのか、ある程度の想像はつく。

玖珠川のこのあたりでは、川べりから温泉が湧くところが多い。二・五キロほど下流の天ヶ瀬《あませ》温泉は、九州北部ではわりと知られた温泉街になっている。市ノ村の対岸の湯《ゆ》ノ釣《つる》温泉は、ずっと小さいが、やはり河原に泉源がある。

その向かい、つまり市ノ村の真下にも川中から湯の湧く場所があり、いっときコンクリートで囲んで露天の温泉にしていた。そばに数十体の羅漢像が立ち、祠《ほこら》もあった。毎年八月十五日には、市ノ村の住民が、そこで祭りをしたあと伊勢神社へお参りをしていた。ここが、ただの保養地でなかったことは明らかであろう。

それでは何であったのか。そこは一種の聖地であった。禊《みそぎ》の場として使われていたのである。この村のイチは、そこをつかさどることを職掌としていたように思われる。それがいつまでつづいていたのか、わからない。しかし、川中の湯が何か神聖な目的に供されていたという記憶は、近年あるいは今日まで残っていて、それゆえ右に述べたような祭りが行われていたのである。

大分県玖珠町戸畑字市ノ村地先の羅漢淵。川中から温泉が湧いており、禊の場であった。

こういうところには、しばしばイチノセとかイチノタニなどの地名が付けられたが、ここもその一つだったかどうか、わたしは確認できていない。

・和歌山県西牟婁《むろ》郡上富田《かみとんだ》町市ノ瀬

は現行の行政地名だが、これは地内の富田川の浅瀬と淵が連なった場所に由来することが確実である。

ここから一〇〇メートルくらい離れた同川南岸の山すそに市ノ瀬王子跡が残っている。現在の和歌山県南東部に所在する熊野信仰発祥の地、熊野三山（本宮、新宮、那智）への参詣路沿いには、かつて九十九《くじゅうく》王子と呼ばれる聖地が置かれていた。その数は正確に九九ヵ所ではなく、時代により増減があるが、最大で一〇〇ヵ所ほどであった。市ノ瀬王子は、その一つになる。

いま樹齢二〇〇―三〇〇年ばかりとおぼしきクスノキの巨木が立つ遺跡のそばに、王子に付随する熊野修験の小集団が住み、その重要な職分として市ノ瀬の清冽な浅瀬で行われていた水《みず》

和歌山県上富田町市ノ瀬の富田川。熊野参詣路に設けられていた水垢離の場であった。

垢離《ごり》の管理があったらしい。水垢離は、いうまでもなく清い水を浴びて穢れを取り去ることであり、参詣者たちは市ノ瀬で、それを行っていたのである。つまり、この場合のイチは熊野修験の一派を指していたことになる。

ここよりはずっと京都に近い、

・大阪府泉南市信達《しんだち》牧野

にも、一ノ瀬王子があった。その川がどこか、いまでは確定が難しいようだが、名の起こりは富田川のそれと同じであろう。

・和歌山県東牟婁郡那智勝浦町市野々

には、市野々王子があった。この市野々が、前節で紹介した高知県の市野々と同趣旨の名であることは、まず疑いあるまい。

一〇〇ヵ所かそこらの王子の中に「イチ」の付く例が三つもある。これが、ただの偶然ということは、よもやないと思う。

ついでながら、九十九王子のうちの逆川《さかさがわ》王子と久米崎王子は、和歌山県湯浅町に位置している。湯浅は、前記の大分県玖珠町市ノ村の住民が、自分たちの出自の地だと伝えているところである。
・石川県白山市白峰《しらみね》字市ノ瀬
は古代以来の山岳信仰の聖地、白山（二七〇二メートル）への禅定道《ぜんじょうどう》の重要拠点であった。前面は手取川の源流に近い清冽な流れであり、ここを白山修験たちが禊・垢離の場としていたことは想像にかたくない。
・福島県大沼郡金山《かねやま》町滝沢字市野々
には、もう何十年も前から人が住んでいない。

平成二十六年（二〇一四）に、わたしが国道252号に面した滝沢集落で会った大正十三年（一九二四）生まれの男性によると、市野々には第二次大戦前、佐久間姓を名乗る家が一戸だけで暮らしており、この人たちが滝沢へ出てきたあと首藤姓の一家が新潟県から移ってきて、やはり一軒だけで住んでいたという。彼らも間もなく離村して、それ以後は全くの無人になった。

市野々から山道を一キロほど奥へ入った滝沢川（只見川の支流）と幽《ゆう》の沢との出合に、「幽」と呼ばれる巨大なひさし状の岩があって、その奥に山の神が祀られている。ちなみに、ユウ（だいたいは「夕」または「幽」の漢字が当てられている）とはイワ（岩）が訛った言葉で、意味はもとの「岩」と変わらない。

右の山の神は旧暦の二月十二日がお祭りであった。滝沢あたりの住民は、みんなで出かけていたが、雪の多い年には村の中で行っていた。平成二十六年ごろには、「山神会《さんじん》」という集まりに変わっており、祭日に一人が五〇〇〇円ずつ出し合って、集会所で酒を飲む行事になっていた。

古い時代、幽の山の神をつかさどる宗教者（イチ）がいて、彼らが住んでいたのが市野々であったと思われる。市野々は人家が集まる滝沢から一・五キロほども山の中へ入った寂しい場所で、そのうえ国内有数の豪雪地帯である。冬の雪を処理するためには、それなりの人手がいるのに、ここ一世紀くらいにかぎれば、たった一軒しか家がなかった。

もっと古いころには、あるいはもう少し多くの住民がいたかもしれない。だが、それでも、わずかな戸数にすぎなかったろう。彼らが農を目的に、そこにいたのでないことは明らかだといえる。ただし、首藤姓の人はもちろん、その前の佐久間姓の一家も、すでに山の神の管理のみで生活していたわけではなかったようである。

滝沢から五キロばかり東の、

・金山町横田の一嶋《いちのしま》(一の嶋とも)

は只見川の本流に浮かぶ小さな島である。

伊夜彦《いやひこ》神社(一嶋神社)が祀られており、この一帯の聖地であった。近くに二の島や三の島はない。すなわち、このイチも滝沢字市野々のイチと同義だと考えられる。

右に挙げたほかにも、宗教者とのつながりがうかがえるイチ地名は少なくない。しかし、いままで述べてきたところで、かつてイチと呼ばれる宗教者がいたこと、彼らはどのような存在であったのか、おおよそはわかっていただけたと思うので、これ以上の列挙はひかえておきたい。

6　アメノウズメの狂乱の舞い

今日、各地の神社で神楽を舞う役をつとめているのは、だいたいは若い女性である。まず例外なしに、純白の上着と緋色《ひいろ》の袴《はかま》を着て、神楽鈴をシャン、シャンと振りながら優美に舞う、それが大昔からの決まりごとであるかのように定型化しているのではないか。

しかし、そうではない神楽も舞われている。高知県中央部の北辺、四国山脈の脊梁に近い村々に伝

平成17年（2005）11月、高知県吾川郡いの町脇ノ山の地主（じしゅ）神社に奉納された本川神楽。演者は、すべて成人男性である。

承されている神楽は、その一例である。地域ごとに本川《ほんがわ》、池川、津野山と呼び分けているが、実質はほとんど変わらない。中世起源であることが確かめられていて、石鎚修験との関係が深いようである。

この神楽は、いまは保存会の人びとが演じており、みな成人の男性である。古い時代にも、むろんそうであったろう。どの演目も、おおむね動きは激しく、舞いというより踊りといった感じを受ける。中には、大の男が畳の上ででんぐり返ったりする「舞い」もあり、「干菓子のごとく美しい少女」（柳田國男）の神楽とは似ても似つかぬ所作がまじっていたりする。

原初の神楽は、どちらかといえば、こちらの方に近かった。少なくとも、現今の神楽女によるそれとは全く別のものであった。『古事記』（七一二年成立）に語られる、天照大神の天の岩戸隠れのとき、アメノウズメが岩戸の前で舞った（というより踊り狂った）「神楽」は、それをよく示している。

ウズメはヒカゲノカズラの縄を肩にかけ、ツルマサキの鬘《かつら》をかぶり、笹の葉を束ねて手に持ち、空の桶を逆さにして、それを踏みとどろかせながら、神がかりして胸乳をかき出し、裳《も》の紐を陰《ほと》（女陰）に押し垂れて乱舞したのである。

彼女が採りもの（神に祈りをささげる折りの祭具）に用いたカズラ、マサキ、笹の葉は大和三山の一つ、天《あめ》の香山《かぐやま》（天香久山、一五二メートル）に生えていたものだった。周知のように、大和三山は奈良盆地の住民にとって、神そのものに当たる聖山であった。

ウズメが舞った神楽の精神も形式も、ずっとのちまで継承されている。例えば、笹（原文では「小《さ》竹葉《ば》」）である。既述の柳田國男『分類祭祀習俗語彙』の「ソノイチ」の項によると、京都地方のソノイチは「御幣《ごへい》と笹とを持ち、神様の御機嫌のよいようにとて湯立てをする」という。近世、近代になっても、少なくとも京都のイチは湯立てに際し笹を手にしていたのである。なお、このソノイチと本章3節で紹介した『長宗我部地検帳』に見える「惣《そう》ノ佾《いち》」とは同語であるに違いない。

また、奈良県のソネッタン（ソネイチサン＝ソウノイチサンの訛り）は御湯祓いのとき、腰に注連《しめ》縄《なわ》を巻いていたと述べられている。産婦が、その縄を腰に巻くと産が軽いという信仰もあったらしい。この縄は、アメノウズメがかけていた（原文では「手次《たすき》に繋《か》け」）ヒカゲノカズラを思い起こさせる。

『七十一番職人歌合』に描かれた放下。
『群書類従』版より。

一五〇〇年ごろに成立した『七十一番職人歌合』の四十九番には、「放下《ほうか》」が出てくる。当時の放下は、手品や曲芸を演じ、小唄をうたう芸能者であった。そこに付けられた絵の放下は男性で、腰に蓑《みの》のようなものをまとい、手で「こきりこ〈小切子〉」を操っている。コキリコは箸くらいの長さの小さな竹筒で、お手玉のように宙にまわして曲芸を演じる道具であった。

不思議なことに、この放下は背中に短冊付きの笹を背負っている。それが室町時代ごろの放下の正装とされていたのであろう。なぜ、そんな格好をしていたのか。結局、ウズメが持っていた笹葉の遺風だと考えるほかないと思う。

7　卑弥呼は古代のイチであった

中国・晋《しん》時代の陳寿《ちんじゅ》（二九七年没）が撰した『魏志倭人伝』は、日本が弥生時代から古墳時代へ移るころのことを記した唯一の文献である。よく知られているように、そこには邪馬台国の女王、卑弥呼について次のようなことが述べられている。

〈其《そ》の国、本亦《もとまた》男子を以って王と為し、住《とど》まること七、八十年。倭国乱れ、相《あい》攻伐すること歴年、乃《すなわ》ち共に一女子を立てて王と為す。名づけて卑弥呼と曰《い》う。鬼道に事《つか》え、能《よ》く衆を惑わす。年已《すで》に長大なるも、夫壻《ふせい》無く、男弟有り、佐《たす》けて国を治む。王と為りしより以来、見る有る者少なく、婢千人を以って自ら侍せしむ。唯《ただ》ゞ男子一人有り、飲食を給し、辞を伝え居処に出入す〉

（読み下しは岩波文庫版による）

ここからは、神と人とをつなぐ人でありながら、かぎりなく神に近い存在となった女性の姿を容易にうかがうことができる。これこそが、イチそれも、もっとも高い権威をまとったイチの三世紀ごろのありようであったに違いない。

「鬼道につかえる」とは、国家の重要祭祀のときにのみ、はるかかなたの帳《とばり》の陰かどこかで歌舞狂乱し、その口から「神意」を伝えたことを指すと思われる。それは異教徒（この場合は中国人）には、ただ「衆をまどわす」こととしか映らなかったろう。もちろん、『魏志』の撰者は、その光景を見たわけではない。あくまで伝聞である。

『倭人伝』の前後の記述や、中国の別の文献などから、卑弥呼の死は二四八年ごろと推定されている。その死後、

〈大いに冢《つか》（塚と同義＝引用者）を作る。径百余歩、徇葬《じゅんそう》（死者にしたがって葬られること）する者、奴婢《ぬひ》百余人〉


と同伝は書き残している。

その冢は、現奈良県桜井市の巨大前方後円墳、箸墓《はしはか》古墳ではないかとの説がある。ここは宮内庁の陵墓参考地で発掘が許されていないが、周辺の遺物などを最近の放射性炭素年代測定法で調査した結果、築造時期は三世紀半ばごろらしいという見方が出ている。これに対する反対意見はあるものの、どんなに遅れても四世紀中の築造であることは揺るがない。

箸墓は『日本書紀』が編纂された七二〇年当時、すでにいまの名で呼ばれていた。『書紀』は、その被葬者を倭迹迹日百襲姫命（やまとととびももそひめのみこと）とし、墓を「箸墓《はしのはか》」とも「箸陵《はしのみはか》」とも記している。「陵」は天皇か、それに準じる高位の皇族に使う語である。八世紀初頭より前から、そこには女帝か、それに近い地位にあった女性が納まっていると考えられていたのである。

すなわち、被葬者が卑弥呼その人ではないとしても、わずかに遅れて現れた似たような女性であった可能性が、きわめて高いことになる。彼女もまた、卑弥呼と同じく「鬼道につかえる」高位のシャーマンであったに違いない。

そうなると、注目されるのは、『書紀』がモモソヒメを「大市《おおいち》に葬《はぶ》りまつる」としていることである。『書紀』の資料として用いられた古文献の多くは、六―七世紀ごろに成立したとされている。そのころ、箸墓のあるあたりを「大市」といっていたのである。

奈良県桜井市の巨大前方後円墳、箸墓古墳

これだと、モモソヒメが死んだとき、すでに大市の地名が存在していたことになる。しかし、ここには地名と伝説との錯綜があるのではないか。つまり、モモソヒメの名で『書紀』に記録された女性は生前、「オオイチ」と呼ばれていた。いや、そのような地位のシャーマンを指す言葉がオオイチであった。モモソヒメは、あくまでオオイチの一人だったといえる。

とにかく、そのオオイチは、いまの箸墓に葬られる。だから、そこに大市の地名が付いたのだが、いつのころかに順序が逆転して、モモソヒメは大市に葬られたとなったように思われる。

モモソヒメは、中国の史書に卑弥呼と書かれている女性と同一かもしれないし、別人かもしれない。だが、いずれであれ、そのような人物のことを当時、大市と称していた可能性が高いのではないか。

一〇世紀前半に編纂された漢和辞書『倭名類聚抄《わみょうるいじゅしょう》』には、箸墓の一帯を指す「大市郷」の名が見える。ところが、それから一〇〇〇年ばかりのあいだに、この地名は消滅してしまったらしく、いまでは残っていない。

第六章　「国」は「山に囲まれた土地」のことだった

1　弥生時代から古墳時代へかけてのクニの姿

『魏志倭人伝』は、次のような文章で始まっている。

〈倭人は帯方の東南大海の中に在り、山島に依りて国邑《こくゆう》を為す。旧《もと》百余国。漢の時《とき》朝見する者有り、今、使訳通ずる所三十国〉

『倭人伝』を撰した陳寿は、既述のように二九七年に没している。同書が対象にしている倭（日本）は、その中の邪馬台国（所在地については、さまざまな意見が出されているが、決着はついていない）を卑弥呼が治めていた時代を中心にしており、その卑弥呼は二四八年前後に死去したと考えて大過ないらしい。

一方、日本は三世紀の半ばごろ、弥生時代から古墳時代へ移行しているので、卑弥呼は弥生時代が終わるころの為政者だったことになる。『倭人伝』では、当時、倭には中国と「使訳通ずる国」が三〇あったとされている。これは外交関係というか、何かことあるごとに行き来する、とでもいったほどの意味ではないか。

佐賀県吉野ケ里町から神埼市にかけて復元されている吉野ケ里遺跡の一部

女王が「都」を置いていた邪馬台国は戸数が「七万余」、この北方にあった「投馬国《とうま》」は「五万余戸」で、そのほか「奴国《な》」が二万余、「末盧国《まつら》」が四千余、「伊都国《いと》」は千余などと述べられている。わたしは、戸数七万とか五万とかは、どうみても過大だと思うが、ここではその辺は問題にしない。

いま、わたしが取上げたいのは、『倭人伝』が「国」という漢字で表記している、ある一定の広さをもった地域単位を日本語で何と呼んでいたのか、についてである。それに推測を下すまでは、とりあえずクニであったろうとして、この表現を用いることにしたい。

当時の倭にあったクニが、どんなものであったか、例えば、佐賀県神埼郡吉野ケ里町から神埼市にかけて残る吉野ケ里遺跡を訪ねたら、かなりの程度のことがわかる。同遺跡は弥生時代の全期(紀元前八世紀―紀元後三世紀の半ばとする説が有力のようである)、さらには古墳時代の初期に及ぶ広大な環濠集落跡を含む、知られているかぎりでは弥生時代で最大規模の遺跡である。

これまでの発掘調査によって、最盛期の三世紀ごろには、環濠内に一二〇〇人、その周辺を加えたクニ全体では五〇〇〇人以上が暮らしていたろうとされている。この遺跡については、インターネットなどで簡単に見られる資料がいくらでもあるので、もっと詳しいことは、そちらにゆずりたい。

卑弥呼が邪馬台国に君臨していたり、吉野ヶ里遺跡がもっとも膨張していた三世紀に、その「国」あるいは環濠集落を当時の日本語で何といっていたのか、文字資料から明らかにすることはできない。

しかし、それから五〇〇年ばかりたった八世紀に成立した記紀万葉などの文献には、「国」という漢字はむろん、それを「くに」と読んでいた例が少なからず見られる。そうして、すでにいくつもの概念をもつようになっていた。次に、その数例を挙げてみたい。

まず、クニには「国家」の意味があった。『万葉集』巻第十八の四一二二（研究者たちが付けた整理番号）の、

〈天皇《すめろき》の　敷《し》きます国の　天《あめ》の下　四方の道には〉（以下、略。読みは岩波書店「日本古典文学大系」版による）

は、大伴家持《やかもち》の長歌《ちょうか》の冒頭部分である。右の「国」は、原文の万葉仮名では「久爾（くに）」となっている。このクニは、『倭人伝』が記す邪馬台国や投馬国などの「国」に近いといってよいだろう。

クニの語で、「行政上の一区画」を指した場合もあった。『古事記』上巻の大国主神が沼河比売《ぬなかはひめ》に求婚するときの歌、

〈八千矛《やちほこ》の　神の命《みこと》は　八島国《やしまくに》　妻枕《つまま》きかねて　遠遠《とほとほ》し　高志《こし》の国に　賢《さか》し女《め》を〉（以下、略。読みは岩波文庫版による）

の「高志国」は、原文では「故志能久邇《こしのくに》」と書かれている。これが、のちの越《こし》の国すなわち北陸地方を指していることは、まず疑いがない。

クニが「大地、土地、陸地」を意味することもあった。『日本書紀』の「神代上」には、

〈(天照大神)天石窟《あまのいはや》に入りまして、磐戸《いはと》を閉《さ》して幽《こも》り居《ま》しぬ。故《かれ》、六合《くに》の内常闇《とこやみ》にして、昼夜《ひるよる》の相代《あひかはるわき》も知らず〉（読みは岩波書店「日本古典文学大系」版による）

の一文が見える。この「六合」を当時から「くに」と読んでいたことは、ほぼ確実のようである。六合《りくごう》は中国の古典に出ている語で、「天地と四方」のことであった。「日の神」アマテラスが、弟スサノオの粗暴を怒って岩屋にこもってしまったため「大地」が暗くなったというのである。

また、『出雲国風土記』（八世紀前半の成立）意宇《おう》郡の条には、

〈志羅紀《しらぎ》（朝鮮半島の新羅《しらぎ》のこと＝引用者）の三埼《みさき》を、国の余《あまり》ありやと見れば、国の余あり〉（読みは「日本古典文学大系」版による）

とある。この「国」は原文でも同じ文字が使われ、その訓みはおそらくクニであったろう。そうして、意味は「土地」であった。

さらに、当時、「根の国」とか「常世《とこよ》の国」の言葉も用いられており、クニは抽象的な概念をも含んでいたことがわかる。

記紀万葉や風土記には、もとになった文献がいろいろとあり、それらが書かれた時期は六、七世紀ごろにさかのぼるとされている。六世紀なら、卑弥呼の時代から三〇〇年しかたっていない。考古学の区分でいえば、古墳時代後期に分類される。そのころ、クニの語義は、いくつかに分化していたことになる。

言葉は一般に、年月が経過するとともに意味が多様になっていき、抽象化も進む。逆にいえば、一つの語が四つも五つもの、互いにやや離れた意味をもつようになるまでには、少なくとも数百年はかかるはずである。そのことを考えると、邪馬台国や吉野ヶ里遺跡に当たるような地域単位を、三世紀ごろすでにクニと呼んでいた可能性は相当に高いといえるのではないか。

2 クニの語源については多くの説がある

邪馬台国や投馬国のような地域単位は、縄文時代には存在しなかったと思われる。それはおそらく、弥生時代になって初めて現れた形式の集住地であり、いつのころからか決定しがたいものの、遅くとも古墳時代にはクニと称するようになっていたろう。

この言葉は外来語ではあるまい。中国でも、朝鮮でも、同じか似た音で、クニに近い概念を指す語があったことは知られていないらしいからである。かといって、全くの新語でもなさそうである。つまり、すでに使われていた言葉に、新たな意味を付加してつくられた可能性が高いことになる。

それでは、そのもとの言葉の原義は何であったろうか。これについては、例えば小学館の『日本国語大辞典』には、実に一五もの説が紹介されている。

その一番目は、宗教家で言語学者、大島正健氏の、

〈高天《たか》ヶ原《はら》から見下ろした地をいうところから、クは下の意、ニは土の義〉

である。一五番目には、言語学者、国語学者の金沢庄三郎氏による、

〈クは大の義、ニは土壌の義で、大きな土地の意〉

が挙げられている。前にも名前を出した松岡静雄氏（柳田國男の実弟）の、

〈クはキ（木）の転音、ニは土の意で、木の生じる土壌の意〉

も見える。

ほかにも、国語学史に名を連ねているような人たちが提起した諸説が並べられているが、煩を避けるため、いちいちの紹介はひかえておきたい。

わたしは、一五の説のどれにもうなずくことができない。それらは、いずれも言葉を操作しているだけで、実証を全く欠いているからである。これは、語源説にしばしばみられる特徴で、とくに言葉を単音節に分解して、それぞれの「意味」をこうだろうとしたうえ、それを組み合わせて語源とする手法が多い。右の三例も、それである。

しかし、クニのクが「下」「大」「木の転音」のどれか決することは難しく、そもそもクニがクとニ

の二つの要素を合成してできた言葉かどうかも、すこぶる疑わしいと思う。卑見では、クニは原初からとはいえないまでも、日常語として使われはじめたとき、すでにこれ以上には分かちがたい一語であった。そうして、ある明瞭な意味をもっていた。それは、いまに残っている地名を観察することによって、おおかたが納得できる程度に立証可能である。

3　和歌山県紀美野町《きみの》国木原の風景

紀伊半島の大河・紀ノ川沿いのJR和歌山線岩出駅から八キロばかり南に位置する、

・和歌山県海草《かいそう》郡紀美野町国木原

は、クニという言葉の語源をさぐるうえで、なかなか興味ぶかい土地である。

ここらあたりは中《ちゅう》山間地といった場所で、いま国木原ゴルフ場ができている山頂部の南西側のへりになる。ただし、集落そのものの姿は、以前とほとんど変わっていない。

国木原は、まわりをすっぽりと山に囲まれた谷底の村である。すり鉢の底というより、壺の底に近いといえるのではないか。わたしは、このような風景の村を、これまでに見た記憶がほとんどない。谷底といっても、第一、第二章で紹介した、例えば、

・茨城県常陸太田市赤土町字塩ノ草

・奈良県吉野郡黒滝村笠木

などにくらべて底が広いように思われる。だから、冬など一日中ほとんど日が差さないらしい家が、あちこちに点在している一方で、けっこう日当たりのよさそうな家も目につく。とくに、現在は町道が通じている丘の上の方には、日陰地の感じは全くない。

国木原の集会所も共同墓地も下の方にあり、古い住宅もほぼ全部が、こちらに集まっていることか

ら考えて、村がこの「壺の底」を発祥地としていることは、まず間違いあるまい。それは、おそらく水の便を求めてのことであったろう。

クニキハラのクニとは、ここのように四周をぐるりと山がめぐっている土地を指すことは、これから挙げていく多数の「国」地名によって、おおかたに納得していただけると思うが、いまはとりあえずキとハラについて卑見を述べておきたい。

キは既述の草木のキ、笠置（笠木）のギと同じ語で、「ある構造物または自然物に囲まれた境域、もしくはその構造物（自然物）」のことである。本章1節に掲げた吉野ケ里遺跡の写真をもとに説明すれば、構造物とは環濠、その内側の土塁、その上に立て並べた逆茂木《さかもぎ》になる。もちろん、どれか一つしかなかったとしても、事情は変わらない。その中の集落が境域に当たる。すなわち、古代の大和朝廷が、北方の蝦夷《えみし》にそなえて設けていた、

・渟足柵（ぬたりのき。現新潟市信濃川の河口のあたり）
・多賀城（たがのき。宮城県多《た》賀城《がじょう》市）

和歌山県紀美野町国木原の中心部

などのキと同語である。

なお、草木にはクサキ、クサギ、笠置（笠木）にはカサキ、カサギの両方の読み方があるが、ギは連濁の結果であり、日本語の連濁現象には、きちんとした法則性はないので、どちらでも意味に違いはない。国木原もクニギハラとした資料もあるし、現地のローマ字標識ではクニキハラとなっている。これも右と同様だといえる。

末尾のハラの語は一般に、もう少し広々とした地形を指すことが多いのではないかと思う。ハラ（原）は、ハラ（腹）、ヒロ（広）、ヒラ（平）などと語源を同じくするらしく、ここのような山がちの土地に付けられることは少ない。国木原は、むしろノ（野）に近い印象が強いが、この一帯にはまとまった平地がとぼしいので、ハラと呼んだのかもしれない。

いずれにしろ、クニキハラは「周囲を山が取り囲んだ土地」のことであろう。「クヌギ（樹種名の櫟《くぬぎ》）が生えた原」の訛りではないと思う。その辺をよりはっきりさせるためにも、もっと別の「国」地名を調べてみる必要がある。

4　そのほかの「国」地名

・茨城県常陸太田市河内西町字国ヶ草

阿武隈山地の南端部、第一章で紹介した「草」地名が多く分布する地域の一角に位置する。当然、草は「日陰地」を指すはずである。

過疎化で、いま生活している住民は二戸ほどになったようだが、ほかに数軒の廃屋が残っている。令和五年（二〇二三）の春に訪ねた折りは、恐ろしく日当たりの悪そうな山陰に、無住になって間もないらしい家が建っていた。

また、現住の一軒は、斜面に高さ三メートルくらいの柱を三本立てて、その上と斜面の上部とのあいだにできる平坦な床面に部屋を作っていた。これは、その場所を高くして日を受けやすいようにしているのではないか。

しかし、国ヶ草には日当たりのよいところも、けっこう多い。山が周囲をぐるりと取り囲んでいるが、そんなに高くはないうえ、その中がかなり広いからである。すなわち、ここのクニとは、その山々または、あいだに位置する土地のことだと思われる。クニは、どちらを向いても山であっても、日陰地ばかりとはかぎらないのである。

●栃木県那須郡那珂川町小砂《こいさご》字国山

は、那珂川と箒《ほうき》川の合流点から一・五キロほど東の中《ちゅう》山間地にある。ここは、「国」地名の典型の一つといえるかもしれない。

比高差では、せいぜい数十メートルの里山が囲んだ、南北に細長い盆地状の土地で、ごく一部を除いて日当たりはよいように見える。その中に人家はほとんどないが、整備された水田が広がっ

栃木県那珂川町国山。里山に囲まれた小盆地である。

ている。クニヤマとは、元来はまわりの丘を呼んで付けた名であったろう。

第二章3節で、日本語で小盆地を指す言葉にはカサギ、クサキ、クニキ、クネノウチなどがあったらしいと記しておいた。しかし厳密にいえば、前の二つはあくまで日当たりの良し悪しによるものであり、結果としてそうなることはあっても、もともとの語義は別のようである。なお、クネノウチについては次節で取上げたい。

・栃木県那須郡那珂川町矢又字国木内

は、那珂川町役場の一・五キロばかり南東、矢又川沿いの集落名である。このあたりでは荻内、倉内、仲内、道中内《みちなかうち》などのように、しばしば地名の下にウチが付いており、それはおそらく「〇〇集落」の意ではないか。国木内も同じで、本来は単に国木であったらしく思われる。

ここを訪ねてみても、わたしはなぜクニキと呼ばれるようになったのか、まるで見当がつかなかった。国木内は里山のへりに位置して、この並びのほかの集落と同じような地形にしか見えなかったからである。

しかし、後述の「小国」地名のことを調べているうち、ここのクニキは、南東から北西方向に延びる長さ三キロ前後、幅三〇〇―五〇〇メートルほどの細長い盆地の全体を指して付けられたのではないかと考えるようになった。それがのちに、盆地の真ん中あたりの集落名に限局されてしまったのではないか。

地名が拡大したり、逆に縮小したりすることは珍しくない。例えば、いまの長野県の「長野」は、江戸時代までは現長野市の大寺院、善光寺の付近をそう呼んでいたにすぎなかった。ところが明治維新後、新たに生まれた市の名に採用され、さらに明治四年（一八七一）には県の名にもなったのである。一方、

・宮崎県小林市細野字夷守《ひなもり》

は、一〇世紀成立の『延喜式』兵部省の部に出ている「日向国夷守駅」の遺称地だとされている。一一〇〇年ほど前、一定の広さをもっていた地名が、今日では小字に縮小したことになる。

・福井市国山町

の「町」も、先の「内」に似た呼称で、ここは日本海から二・五キロほど内陸へ入った標高二〇〇メートル前後の純然たる山村である。

栃木県那珂川町の国山と同じように、こちらの国山も、やはりぐるりを山に囲まれている。ただし、村は南向きの斜面に位置しているので、日当たりはよい。

現在（令和五年春）は一三戸になったが、かつては五〇戸ほどもあった。氏神の八王子神社も、檀那寺の真言宗智山派愛染寺も堂々とした構えで、この村の生産力の高さを示している。山中にありながら、低地部にはまとまった水田が開けていたというから、けっこう暮らしやすい土地だったのだろう。

福井市国山町。ぐるりを山がめぐる盆地状の山村である。

・愛媛県西条市河之内字国山

は、JR予讃線伊予三芳《みよし》駅から六キロくらい南西の山間集落である。わたしは、ここへは行っていないが、グーグルの航空写真とストリートビューによると、まわりを山に囲まれた典型的な小盆地のように見える。栃木県と福井県のクニヤマにくらべても、いっそう明瞭なクニ地形だといえるかもしれない。

本節で取上げた三ヵ所の国山は、クニの語が日の当たり具合をもとにしたものではなく、あくまでそこを取り巻く山によって付いた名であることを裏づけていると思う。

5　クネという語とクネが付く地名

今日の、とくに町場の日常会話では、もうほとんど使われていないだろうが、「くね」という言葉がある。『広辞苑』には、

〈くね　①境の垣根②蔓《つる》性の農作物などをからませるために結う垣〉

と見えている。小学館の『日本国語大辞典』では、

〈くね　竹などを編んだ垣根。また、いけがき。くね垣〉

となっている。ただし、この語の方言には、もっと多様な意味があるとして、

「①垣根。生け垣②屋敷の周りに植えた木。屋敷林。防風林③やぶ。竹やぶ④屋敷の周囲⑤田の周囲

の畔（あぜ）⑥畑の境の垣根⑦里近くに所有する山。持ち山⑧山の立ち木。山林⑨年古い樹木⑩山腹の峰のような形の所⑪山のふもと⑫境⑬杭⑭農作物などの支柱⑮芝草を長方形に切り取ったもの⑯一定の長さに切った薪⑰植物、うつぎ（空木）⑱植物、いぼたのき。また、ねずみもち」

との説明が加えられている。各地方によって、もとの言葉からさまざまな変化が生じ、その意味が多岐にわたっていったことがうかがえる。クネの原義は、いったい何だろうか。この問題に地名から迫ってみることにしたい。

• 福島県いわき市田人《たびと》町貝泊《かいどまり》 字久子《くね》ノ内《うち》は、阿武隈山地南部の山間集落である。

ここは型どおりの山に囲まれた小盆地で、先に紹介した栃木県那珂川町の国山や愛媛県西条市の国山などによく似ている。そっくりだといえるかもしれない。

クニとクネは音が、ごく近い。そうして、クネノウチとクニヤマとの地形が、ほとんど同じということであれば、クニとクネは元来は同語ではな

福島県いわき市田人町久子ノ内。「クニの内」にぴったりの地形になっている。

かったかと推測しても、こじつけにはなるまい。これに間違いがないとすると、久子ノ内は「クニ（山が取り囲んだ土地または、その山々のこと）の内」の意になる。

大字の名の貝泊も、「峡止《かいど》まり、すなわち、どちらの方向も峡（山と山とにはさまれた狭いところ）の行止まり」の当て字だと考えることもできる。現行の住居表示では、貝泊は一帯の集落を合わせた地名になっているが、もとはその中心地の現久子ノ内を指していたと思われる。命名の時期と動機は異なっていても、一つの場所に付けられた名だったのではないか。

・埼玉県飯能《はんのう》市中藤中郷《なかとうなかごう》字久根花《くねばな》

も、右の推測を裏づける地名である。

このあたりは、中藤川（入間川の支流）に沿った長さ一キロほどの細長い盆地になっている。久根花は、白髭神社（中藤中郷二三一）付近の小集落だが、ここは盆地の北東端に当たっており、クネのハナ（端）と呼ぶのにふさわしい。「花」が「端《はな》」の当て字であることは、いうまでもない。

・山梨県北杜市高根町村山西割字東深山《ひがしみやま》の「くねぎわ」

は、精密な住宅地図にも載っていない。わたしは、ここのことは『高根町地名誌』（一九九〇年、高根町郷土研究会）で知った。

これは、紬《つむぎ》山荘（そば店、村山西割三一一三）のすぐ南方の、水田を前にした数戸の集落の通称地名である。現地を訪ねてみたら、南側だけが開けた馬蹄形の平地を、数メートルから十数メートルくらいの微高地が取り巻いていた。クネギワは、その微高地の際《きわ》に位置している。ただし、「くねぎわ」と称する集落と前面の平地は一方の口があいており、山が低いところが久子ノ内や久根花とは違う。

ここの場合、クネの意味が『日本国語大辞典』の方言の項に見える「里近くに所有する山、境」などになったあと付いた地名かもしれない。それはやがて、「垣根、山林、年古い樹木」などへ変化していったのではないか。ちなみに、現在の高根町あたりでは、クネとは「屋敷まわりの立ち木」を指すということである。

しかし、村山西割のくねぎわのクネには、久子ノ内や久根花のクネと重要な共通点がうかがえ、いずれももとはクニと同一の言葉であった可能性が高いと思う。つまり、卑見では、これらは元来、「ある地域を取り囲んだ山々または、その中の土地」を指して使われる語だったことになる。

前記の『大辞典』によると、富山県ではクニのことをクネといい、徳島県ではクネをクニと発音するとしている。これは、二つが同語であったことを示唆する状況証拠だと考えることもできそうである。

6 「小国《おぐに》」地名のリスト

あえて紹介を最後にしたが、クニ地名の中でもっとも多く、そうしてクニの語が何を意味するのかをもっともよく語っているのは、実は「小国」という地名である。

次に、わたしが気づいた二一ヵ所のオグニ地名を掲げて、その地形上の特徴について簡単な説明を加えることにしたい。そこで用いる「タチウオ型」とか「木の葉型」「ヒトデ型」などの言葉は、ほとんどが盆地になっているオグニを上から俯瞰したときの、その盆地の形にもとづく形容である。

すなわち、タチウオ型とは幅にくらべて長さが大きく上まわっている場合を指し、木の葉型はサクラ、ツバキ、カシなどの葉に似た形のことで、ヒトデ型は切れ込みが三つ以上ある複雑な地形になる。

もちろん、わたしはそれらの土地を実際に上空から眺め下ろしたわけではない。ほぼ全部が、グーグルの航空写真とストリートビューによる判断である。だから、どなたにも追試ができ、その結果、違った見方をされる方もいることだろう。わたしのいう「○○型」は、あくまで主観にすぎない。

山形県小国町。ここの盆地は規模が大きく、写真はその一部にすぎない。

①青森県平川市小国　タチウオ型　小国川沿いに延びる細長い盆地である。

②同県東津軽郡外ヶ浜町蟹田小国　タチウオ型　たしかに盆地だが、山がやや低く、しかも遠い。

③岩手県久慈市山形町小国　木の葉型　小国小学校跡のあたりが小盆地になっており、その北と南にも盆地状の地形がつづいている。

④同県宮古市小国　木の葉型　一ツ石山の東麓に位置する。

⑤秋田県にかほ市小国　タチウオ型　型どおりの細長い盆地である。

⑥山形県最上郡真室川町大沢字小国　タチウオ型
　現行の字小国は、細長い盆地の北西端を指す地名になっている。

⑦同県鶴岡市小国字小国　タチウオ型　複数の横への切れ込みがある。

⑧同県西置賜《おきたま》郡小国町　ヒトデ型　現行の自治体としての小国町は範囲が非常に広いが、その中心部の大字小国町が名の起こりであろう。それでも盆地の規模が大きく、多数の切れ込みが見

られる。

⑨福島県喜多方市熊倉町雄国《おぐに》　西側が大きく開けていて、盆地とはいえない。当ててある文字が違うように、ほかの小国とは由来が異なるかもしれない。

⑩同県伊達市霊山《りようぜん》町上小国、下小国　タチウオ型　上小国川に沿った南北四キロほどに及ぶ盆地の下流部（北側）が下小国、上流部が上小国になる。下小国に小国屋敷、稲場《いなば》、平《たいら》などの小字が、上小国に竹ノ内（岳の内の意）、山上《やまがみ》、天井《てんじよう》（いちばん峠に近い集落）などの小字が見え、それぞれの特徴がうかがえる。

⑪新潟県長岡市小国町　タチウオ型　南北一〇キロほど、東西一─一・五キロばかりの広大な盆地に付いた名である。同町のホームページには、「周囲を山に囲まれた独特の地形が名の由来になったといわれる」と述べられている。古代の農耕民が、もっとも好んだのは、このような土地ではなかったか。

⑫同県新発田《しばた》市小国谷　円に近い楕円形　長径三〇〇メートル、短径二〇〇メートルくらいの、ささやかな盆地が山に囲まれている。その奥に一〇戸たらずの家が集まっており、隠れ里とでもいった趣きの村である。

⑬同県村上市小国町　市街化が進んで、べったりとした町場になっている。地形が激変してしまったか、全く別の命名動機があったのかもしれない。

⑭島根県浜田市金城《かなぎ》町小国　タチウオ型　最中山《もなかやま》神社の一帯が典型的なオグニ地形になっている。演出家、小説家で、女優松井須磨子の恋人であった島村抱月（一八七一─一九一八年）の誕生地である。

⑮広島県府中市小国町　木の葉型　山間の小盆地だが、あいだにはさまれている土地は平坦ではな

新潟県新発田市小国谷。楕円形の小盆地が山に囲まれている。

い。その点が⑫などとは違う。

⑯同県世羅《せら》郡世羅町小国　ヒトデ型　美波羅《みはら》川（江《ごう》の川水系、馬洗《ばせん》川の支流）沿いの盆地である。ただし、この一帯には、ほかにも似たような地形のところはあるが、そこにオグニの名は付いていない。

⑰山口県柳井市日積《ひづみ》字小国　ほぼ円形　日積小学校の五〇〇メートルほど北に位置する小盆地である。北隣の字北小国も盆地で、木の葉型に分類できるだろう。

⑱同県熊毛郡平生《ひらお》町尾国《おくに》　半円形　瀬戸内海に浮かぶ長島の方へ延びた半島の中央部に位置する。西が海に面しており、盆地とはいえない。

⑲同県同町小郡《おぐに》字小郡　半円形　尾国の一キロばかり北になる。こちらも南が海に面しているが、もっと盆地に近い地形である。

⑳同県萩市片俣字小国　タチウオ型　南北に細長く延びた盆地で、型どおりのオグニ地形だといえる。

㉑熊本県阿蘇郡小国町　ヒトデ型　現行の自治体

の名になっていることからもわかるように、かなり広大な盆地である。南隣の同郡南小国町も一つの自治体であり、こちらはタチウオ型になる。この二つは、もとから別のオグニであったのか、一つのオグニの北と南だったのか、どちらとも決しがたい。

7　大和は国のまほろば

「小国」の名が付いているところが、ほとんど盆地であることは、右に挙げた二一ヵ所の地形から判断して、まず間違いないと思う。つまり、オグニとは「小さい盆地」のことであろう。小さいといっても、別に基準があったわけではないので、現実のオグニ地名には大小さまざまがあることになる。そうだとしても、小国がある以上、「大国《おおくに》」があってよいはずである。しかし、その数は小国にくらべて、ずっと少ないうえ、分析に必要な条件を欠いている。次は、その例である。

・兵庫県加古川市西神吉《にしかんき》町大国《おおぐに》

現行の住居表示上の大国は、JR山陽本線宝殿《ほうでん》駅の一キロばかり北になる。この地名は、八世紀成立の『播磨国風土記』に「大国里」として見えているが、その正確な位置も範囲もはっきりしない。それに加えて、現在の大国一帯は市街化が進んでおり、観察のしようがないといえる。

・島根県大田《おおだ》市大屋町大国および同市仁摩《にま》町大国

二つは地つづきで、ともに一〇世紀成立の『倭名類聚抄《わみょうるいじゅしょう》（和名抄）』に載る「大国郷」の遺称地とされている。しかし、この郷の範囲も明確ではなく、しかも両地には大盆地と呼べるようなところはないのではないか。ただし、北西側の現仁摩町仁摩は広大な盆地になっている。

・京都の旧宇治郡大国郷

これも『和名抄』に見える地名だが、遺称地はない。したがって、どこかわからず、どんな地形であったのかも不明である。

前節で記したように、小国の中には⑧（山形県）、⑪（新潟県）、㉑（熊本県）など、大国と名付けられていたとしても何らおかしくない土地も含まれている。これらの「お」は、あるいは美称に近いものであったのかもしれない。

いずれであれ、クニという言葉の本義は「山に囲まれた土地」にあったらしく、古代の人びとは、その大小には必ずしもこだわっていなかったのではないか。確実な証拠を挙げることはできないが、いまの奈良県の奈良盆地もクニといわれていた可能性がある。

『古事記』（七一二年成立）の中巻「景行天皇記」には、

〈大和は　国のまほろば　たたなづく　青垣　山ごもれる　大和しうるはし〉

の歌が見える。

これは東国への遠征を終えた倭建命（ヤマトタケルノミコト）が、現三重県亀山市のあたりまで帰ってきたとき、疲労きわまって倒れ、故郷の大和をしのんでうたったとされている。その大意は、「大和（奈良盆地）は、わが国でもっともすぐれたところで、たたみ重なるように連なる青々とした山のあいだに、こもっていてまことに麗しい土地である」

といったほどの解釈が一般的ではないか。そこには、クニとは、統率者をいただく一定の行政単位すなわち「国家」に近い概念を指すという、なかば無意識の前提があるように思われる。

これと全く同じ歌が、『日本書紀』（七二〇年成立）巻第七の「景行天皇紀」にも出ているが、こちらは九州巡幸中の景行天皇が、日向（宮崎県）でうたったとされている。ただし、『古事記』の「まほろば」の語が、「まほらま」となっていて、わずかに音が違っている。なお、第十二代の景行は、ヤマトタケルの父である。いずれも、おそらく実在の人物ではあるまい。

ともあれ、八世紀の国家が総力を挙げて完成させた文献が、この歌の作者を天皇または、その子として、違った場所でうたったかのように記録しているのは、それが古くから伝承されてきた有名な歌であったからだろう。この歌は、もとは天皇が山や高殿の上から「国見」をして、そこがよく治まっていることをことほいだ「ほめ歌」であったとする説が当たっているのではないか。

そうだとしたら、「大和は国のまほろば」とは、「わが国で、もっともすぐれたところ」を指すのではなく、「大和というクニは、とてもすぐれたところ」の意だと考えた方がほめ歌にふさわしいといえる。すなわち「大和なる山に囲まれた盆地は、まことにすばらしい場所」だとうたっていることになる。

実際、奈良盆地は「大きなクニ（山に囲まれた土地）」にぴったりの地形である。そうして、「たたなづく青垣」とか「山ごもれる」の表現は、それゆえであったと考えることができそうに思う。「大和は国のまほろば」についての推測が誤っているにしろ、クニがきわめて古い時代には「山に囲まれた土地」を原義とし、のち邪馬台国や投馬《とうま》国、伊都《いと》国などのクニを指す言葉に変化していったことは間違いないのではないか。

第七章　「山中」と「中山」は同じか、違うか

1　「今は山中　今は浜」

文部省唱歌の『汽車』が初めて尋常小学校第三学年用の教科書に載ったのは、明治四十五年（一九一二）のことであった。作曲は大和田愛羅《あいら》（一八八六―一九六二年）だとはっきりしているが、作詞者は不明だとされている。ただし、音楽教育家の乙骨《おっこつ》三郎（一八八一―一九三四年）の可能性が高いとの指摘がある。

歌詞は三節からなり、その第一節は、よく知られているように、

〈今は山中　今は浜　今は鉄橋渡るぞと　思う間も無く　トンネルの　闇を通って広野原〉

となっている。日本では明治時代になって登場した汽車の速さと、その車窓から眺める景色が目まぐるしく変化していく様子を七五調でうたいあげており、つづられている言葉は平易である。しかし、もし右の「山中」のところが「中山」と書かれていたとしたら、ほとんどの人が強い違和感をおぼえるのではないか。山中なら、いま汽車が走っているのは「山の中」だと、だれにも理解されるが、少なくとも現代の日本人は山の中のことを中山とはいわないからである。

日本語では「白い雪」「大きな木」「高い山」などといい、その逆の順序（雪白いのように）になることは決してない。それらが漢語風に表記される場合でも「白雪《はくせつ》」「大木《たいぼく》」「高山《こうざん》」であって、「雪白《せっぱく》」などとはしない。つまり、形容（修飾）する言葉が、される言葉の前に置かれるという法則（文法）がある。これを国語学や言語学の方では「前置修飾構造」と称している。

詳しいことは知らないが、言語によっては修飾語が被修飾語のあとに来る例は少しも珍しくはないようである。フランス・イタリア国境にそびえる西ヨーロッパの最高峰、モンブランは周知のように「白い山」を指す。これはフランス語で、モンが山、ブランが白いの意だから、日本語とは逆の後置修飾構造になる。イタリア語では、モンテ（山）ビアンコ（白い）と呼んでいる。

パリのキャバレー「ムーランルージュ」は「赤い風車」を意味し、ムーランが風車、ルージュが赤いである。北アフリカのモロッコの都市、カサブランカはスペイン語のカサ（家）ブランカ（白い）から来ている。すなわち、フランス、イタリア、スペイン語は後置修飾構造の言語だということになる。

以上は主に名詞と形容詞との位置関係についての話だが、名詞の形容詞的用法の場合でも、日本語では修飾する名詞が、される名詞の前に付くのが原則である。いいかえれば、山の中のことは「山中」であり、通常は「中山」とはならない。中山は例えば、三つ並びの山があるとき、その真ん中の山を指すのに使う言葉だと多くの人が意識しているのではないか。

ところが、これが地名になると、不思議な現象が見られる。山中が山の中にあることは当然として、中山もまず例外なしに山の中にあって、この二つのあいだに意味上の区別がないかのように思われるのである。

そうして、中山の方が山中よりも、ずっと多い。前記の金井弘夫氏編『新日本地名索引』（一九九三年、アボック社）では、四国に「山中」の地名はたった一ヵ所しかないのに、「中山」は三〇ヵ所

新潟県阿賀町中山集落のはずれにある石の祠。「高倉宮以仁（もちひと）王」の墓だと言い伝えられている。

近くも出ている。四国は極端だとしても、全国的に見て、中山が山中の数倍はあるだろう。

金井氏の『索引』は、国土地理院発行の二万五〇〇〇分の一図に載る全地名およそ三八万をひろい出したものだが、そこには中山または中山の付く地名（中山峠など）が五〇〇以上も収録されている。その全部はむろん、一割についてさえひととおりのことを調べ、そして紹介することは簡単ではない。

わたしは実は、本章で日本語には後置修飾構造の用法があった可能性を示したいと思っており、その手始めに山中、中山地名を取上げている。そのためには、何十、何百の例を列挙する必要はないだろうと考えているが、かといって現地調査を全くはぶくわけには、もちろんいかない。それで、わたしの目から見て重要だと思える地名をえらんで紹介していくつもりである。

・新潟県東蒲原《かんばら》郡阿賀町東山字中山

は、福島県境に位置する黒森山（五六〇メートル）西麓の、まさしく「山の中」の小集落である。

令和三年春、村で会った八〇代らしい女性によると、いまも家は一二―一三軒あるが、人が暮らしているのは五軒だけだということであった。人家は斜面のあちこちに点在しており、既述のクサ地名やクニ地名の土地の多くにくらべても、居住、耕作条件ともおとっているように感じられた。

ここが属する大字の東山は広域地名で、もともとどこか一地点を指して付けられたのではないかと思われる。おそらく、西方の柴倉川（阿賀野川水系、常浪川《とこなみ》の支流）沿いの村々から見て「東の方の山」を指していたのではないか。

また、中山から五キロほど北東には西山（福島県耶麻《やま》郡西会津町宝坂《ほうさか》の地内）という集落もある。もし、東山が東にあって、西山が西にあれば、中山は、その真ん中の山で説明がつくかもしれないが、実際は東山はここを含み、西山は北東になるので、これらはそれぞれ別個に付いた地名であることがわかる。要するに、少なくとも、ここの中山は「山の中」の意だと考えるのが、もっとも合理的だといえる。

2 山中と中山が至近に位置する場合

・東京都西多摩郡奥多摩町境字中山

国道411号（青梅街道）を東京都青梅市方面から山梨県甲府市方面へ向かっていくと、奥多摩湖のそばへ着く直前に中山トンネルというのがある。この真上の集落が中山になる。

ここは型どおりの山中の小村であり、また地内のほとんどが急斜面で、平地はほぼないといってよい。そのため、あちこちに石垣が築かれ、それによってできたわずかな平坦面に家が建てられている。地名の由来は、「山の中」にあるからとしか考えられないのではないか。

・茨城県石岡市小幡《おばた》字中山

は筑波山（八七七メートル）南東麓の、十数戸の小集落である。ぐるりを山に囲まれているが、新潟県阿賀町中山のように深山幽谷といった感じはなく、また東京都奥多摩町中山のように急傾斜地に立村されているのでもない。

地内を小桜川（恋瀬川水系）の最上流に当たる沢が流れ、これに沿って水田が開かれている。生産性は低くはないと思われ、大きな造りの家が多い。それでもやっぱり、山の中に位置するから中山と名づけられたのであろう。

こんな調子で一〇や一五の中山地名を並べてみても、数百にのぼるこの地名の由来を説明する証拠には、とてもならない。それくらいの数なら、「山の中」には当てはまらない例も集められるかもしれないからである。それで、本節では、山中と中山とが至近にある場合に、この二つの地名が付いた場所の地形に、どんな違いがあるのか、あるいはとくにないのかを調べてみることにしたい。

・茨城県つくば市山中

市役所の二キロほど南南東に位置する。集落の中心部で標高は二三メートルくらい、すぐ西側を流れる蓮沼川（利根川水系谷田《やた》川の支流）沿いで一三メートルくらいであり、比高差は一〇メートルばかりにすぎない。

しかし、はっきりと「山の中」らしい地形になっている。一帯は関東平野の北東端に当たるが、山と呼べるほどの高まりはごく少ないため、これでも「山中」になるのだろう。地名の由来は、そう考えてよいと思う。

・つくば市中山

山中から五キロほど南南東になる。氏神の鹿島神社のあたりで、標高はおよそ二二メートル、集落

栃木県那須烏山市大木須の中山。山に囲まれた盆地である。

をめぐるように流れる稲荷川（谷田川の支流）の岸で一七―一八メートル前後であり、比高差はわずか五メートルたらずである。

だが、この周辺は低平地つづきだから、これでも「山の中」のうちに入るのかもしれない。「真ん中の山」の条件は、そなえていないのではないか。

・栃木県芳賀《はが》郡茂木《もてぎ》町小深《おぶか》字山中

八溝《やみぞ》山地の西麓に当たり、つくば市の山中や中山にくらべて断然、山が深い。いまでこそ舗装道路が通じているが、ほんの半世紀くらい前までは相当の山中《さんちゆう》であったろう。それゆえの地名に間違いあるまい。

ここから二キロほど北東に「山内《やまうち》」（同町山内）の地名がある。これも由来は山中と同じだと思われるが、少し言葉が違っているのはなぜか、わたしにはわからない。あるいは、命名の時代が異なっているのかもしれない。

・同県那須烏山市大木須《おおぎす》字中山

右の山中から三キロばかり北に位置する。「山の中」というより、山に囲まれた細長い小盆地である。すなわち、前章で取上げたタチウオ型の「小国」に近い。とはいえ、これでも山の中と名づけて何らおかしくはないと思う。

昔の人が山中、中山、山内、小国など、ほぼ同趣旨の地名の中から、どんな基準によって、ある一つの名をえらんだのか気になるところだが、これについてはもはや調べようがないのではないか。

• 那須烏山市田野倉字山中

山がちの土地か、平野部に近いかということでいえば、ここはつくば市山中と茂木町山中とのあいだくらいになる。そんな中で、山中はやはり「山の中」に入るだろう。

近隣には、もっとそれらしい現況のところはいくらでもあるが、そこには集落がない。地名は集落の名になって初めて後代まで残ることが多く、山中も通常は「村が存在する場所としては」山の中になることを意味しているといえる。

• 同市中山

田野倉の山中から七キロばかり北東になる。ここの中山は大字の名で、やや広域を指している。しかし、その中心地の字白山平《はくさんだいら》が、もとは中山と呼ばれていたのではないか。

同地の氏神、星宮《ほしのみや》神社（中山一八二一番地）の西側は東西一キロ、南北三〇〇メートルほどの山に囲まれた平地になっている。そこが、もとの中山だったように思われる。その地形は、むしろクニとくにオグニに近く、山の中というより「山のあいだ」のような印象を受ける。

3 「中山」は北海道にもある

地名というのは一般に、いつ付けられたのかわからない。しかし、その時期を特定または、ほぼ特定できる場合がないではない。北海道に見られる日本語による地名は、その例になる。

北海道の地名は江戸時代までは、ほとんどがアイヌ語によっていた。ところが明治維新後、和人がこの地に進出してきて三笠、広島、長沼といった日本語風の名をどんどん作りだしていく。これらは当然、ここ一世紀半ばかりの命名ということになる。時代が新しいぶん、はっきりした記録が残っていることもあり、何年にできたのかまで判明している地名も珍しくない。

本章の1および2節で紹介したように、本土（ここでは東北以南の意）の中山なる地名は、例えば三つ並びの山の真ん中や、いくつかの山と山とのあいだの山を指しているのではなく、山中と同じく「山の中」が原義だと思われる。これに間違いがないとすれば、中山は後置修飾によって付けられた地名だといえる。すなわち、日本語には、そのような修飾構造をもつ言語が要素として含まれていることを意味するはずである。

むろん、その用法はとっくの昔に失われており、現代人が「山の中」のことを中山と表現することは普通はない（と思う）。ところが、明治以後に付けられたはずの北海道の日本語地名の中に、「中山」というのが何ヵ所かある。この中山とは、いったいどんなところなのだろうか。

• 常呂《ところ》郡置戸《おけと》町の中山（九〇五メートル）

サロマ湖の近くでオホーツク海に注ぐ常呂川上流のおけと湖（鹿ノ子ダム）の五キロほど東に位置する。これは山の名で地名ではないから、「山の中」うんぬんは問題にならない。

• 芦別市と空知郡中富良野《ふらの》町との境の中山（六八〇メートル）

これも山の名である。空知川（石狩川の支流）の上流、清里湖（清里ダム）の中央部から三キロほど東にそびえる。

• 雨竜《うりゅう》郡秩父別《ちっぷべつ》町字中山

JR函館本線深川駅の八キロばかり北北西になる。ここで注目すべきは、およそ二キロ北西に東山

（秩父別町字東山）、およそ二キロ南西に南山（同町字南山）の地名が見られることである。つまり、そのあいだに位置するとして付けられた可能性が高い。『角川日本地名大辞典』でも、そのように説明されている。

ただし、東山は北西にあって東にあるのではない。これは、先に東山の名ができ、そのあとに中山の地名が生まれたことを示しているのであろう。中山は原野の中の丘陵を占める広域地名である。なお、近くに中山峠がある。

・札幌市南区と虻田《あぶた》郡喜茂別《きもべつ》町との境の中山峠（八三六メートル）

現在の国道230号の峠である。この国道は、明治四年（一八七一）に浄土真宗の僧侶が指揮して開削した「本願寺道路」が起源になっている。

平凡社の『北海道の地名』によると、開通時に峠を越えた開拓使長官一行に随行していた参議、副島種臣《そえじまたねおみ》が、「峠から余市岳と札幌岳の二つの高山が両側に見えることから」命名したという。

余市岳（一四八八メートル）は中山峠の北北西に、札幌岳（一二九三メートル）は北東方向にそびえているから、「両側」というより、左手前方と右手前方の感じになる。いずれにしても、この中山は「山の中」ではなく、「真ん中（より正確には、右手と左手前方のあいだ）の山」を指している。

・北斗市中山

渡島《おしま》半島の南部、北海道新幹線新函館北斗駅の五―一五キロくらい北西に当たる広大な地域の名である。そのほとんどが山間地で、「山の中」だといえないこともない。しかし、どこか一ヵ所にかぎって、そう呼んでいるわけではなく、また何よりも地名に採用されたのが昭和七年（一九三二）と、ごく新しい。そんなころになって、後置修飾構造の言葉が使われていたとは、とても考えられないことだと思う。

要するに、北海道に「中山」がいくつかあっても、それが「山の中」を意味している確実な例はないといってよいだろう。

4 川中と中川

山中が「山の中」を指すように、川中と聞けば、だれでも「川の中」のことだと受け取ることだろう。ただし、これが地名になると、川に面した場所すなわち、ふだんは陸地であっても、いったんまとまった雨が降れば、しばしば水につかってしまうところを意味する場合が多い。

しかし、中には言葉どおりに川の中のこともある。次は、その例だといえる。

・長野市川中島町

いうまでもなく、上杉謙信と武田信玄の軍が永禄四年（一五六一）に激突した「川中島の合戦」の地である。両軍がどこで、どう戦ったのか正確なことはわからないらしいが、大きくいえば千曲川に、支流の犀《さい》川が合流して、そのあいだにできた三角形の洲のような湿地帯のどこかであったことは間違いあるまい。

そこには、いまも川中島、真島、青木島、小島田、丹波島などの地名が残っている。川中島の地名が付いたとき、川中の島（氾濫原の微高地）は一つではなく、複数あり、それらを総称して「川中島」と呼んだのかもしれない。いずれであれ、この川中が千曲川と犀川とのあいだ（中）であったことは、はっきりしている。

・埼玉県北葛飾郡杉戸町椿字川中島

中川（荒川の支流）と、その支流（欄干の礎石には上扇落《かみおうぎおとし》と書かれている）とのあいだの低平地を指す地名である。中川にかかる船渡《ふなと》橋の一〇〇メートルばかり北西に、中島稲荷神社と川中島集会所

埼玉県杉戸町の川中島。氏神の稲荷神社から集落を望む。

が並んでいる。

このあたりでは、中川にかぎらず大小の河川がひんぱんに流路を変えてきた歴史があり、川の名も一定しなかった。いまの中川は、わたしの手元の一九六七年編集の五万分の一図では「庄内古川」となっている。ところが、地元の農民は「利根川」だといい、上扇落（落《おとし》は水田で使用したあとの悪水を流す排水路の意）を「南川」と呼んでいる。利根川の名は古い時代、同川の河道がここを通っていたことによると思われる。

とにかく、そんな具合だから、元来の川中島が何川と何川にはさまれていたのか明らかではない。ただ、川の中に浮かんだ微高地に付いた名であったことは確かであろう。

• 群馬県吾妻《あがつま》郡東吾妻町松谷《まつや》字川中

利根川水系吾妻川の支流、雁ヶ沢川沿いの地名で、八ッ場《やんば》ダムの三キロほど北東になる。ここには中世以来の川中温泉があり、その湯は沢の中から湧いている。ここに人が住みはじめたのは、この温泉あってのことである可能性が高く、川中はそれゆえの名であろう。

地形、地物の特徴によって付いた地名でも、のちには近くの集落の名に移ることがしばしばあるが、ここの場合も、その字名《あざな》は、そばのささやかな人家の集まりを指すようになっている。つまり、川中集落にあるから川中温泉ではなく、川の中に温泉が湧いていたから、その名が付いたのである。

川中の上下の語を入れ替えたら、中川になる。ナカガワ（文字は中川、中河、那珂川、那賀川など）の名の河川は、すこぶる多い。これには、どんな意味があるのだろうか。

両側に川があり、そのあいだを流れる川を指す場合は、あるように思われる。例えば、次などは、その例だといえるのではないか。

・福島県東白川郡矢祭町《やまつり》小田川（ここでは地名）の中川（川の名）

中川は、久慈川の小支流で、もっと大きな支流の田川（北側）と、小田川（南側）とのあいだを流れている。

・群馬県安中《あんなか》市松井田町上増田の中川

利根川水系、増田川の支流である。本流の増田川（東側）と、中川の支流の楢尾《ならお》川（南側）との真ん中を流れているところがある。

・福岡県豊前《ぶぜん》市の中川

東から順に鈴子川、中川、角田《すだ》川が、ほぼ平行して北流し、いずれも周防灘へ流入している。つまり、このあたりでは、中川が真ん中を流れているといえる。

5 「中川」という地名は何を意味するか

前節末に挙げた三つの中川のように、かなり小さな河川が両側の川にはさまれて流れている場合、

「真ん中の川」の意をこめて、そう名づけられておかしくない。それは流域に住む人びとも、そのように意識できるからである。

しかし例えば、

• 栃木県北部の那須岳山麓に発して、茨城県ひたちなか市と同県大洗町の境で太平洋に注ぐ那珂川のような、全長一五〇キロもの大河だと、どの川とどの川のあいだを流れるといったことは、いえないのではないか。

• 徳島県那賀町木頭《きとう》北川を源流とし、同県阿南市で紀伊水道に流入する那賀川（全長一二五キロ）

• 埼玉県羽生市から東京湾まで流れる中川（全長八四キロ）

なども同様である。

ほかにも「中の川」では、ぴったり来ないナカガワは少なくない。この名には、もっと別の由来がありはしないか。そう考えるべき理由がある。「中川」という地名は、その一つだといえる。その名が付いた土地が、どんなところか、次に見てみたい。

• 福島県いわき市大久《おおひさ》町小久《こひさ》字仲川

JR常磐線久ノ浜駅の一・二キロほど西になる。小久川（大久川の支流）沿いの集落名で、川に面した低平地である。「仲川」の名の川はない。

• 千葉県印旛郡酒々井《しすい》町中川

京成電鉄酒々井駅周辺の地名、江戸時代の中川村に当たる。北西側を印旛沼から延びた中央排水路が通っている。湿地帯のただなかになる。

• 福井県あわら市中川

JR北陸本線芦原《あわら》温泉駅の四キロくらい南東に位置する。九頭竜川水系竹田川の支流、権世《ごんぜ》川沿い

（主に西岸）の地名で、いかにも水損をこうむりやすい低地である。なお、権世川の名は、あわら市権世（大字の名）による。

・島根県鹿足《かのあし》郡津和野町中川

ＪＲ山口線津和野駅の八キロばかり北西の大字。津和野川（高津川の支流）に沿っている。地形は、タチウオ型の小国に近い。

・高知県吾川《あがわ》郡いの町足谷《あしだに》字中川

四国第一の大河、吉野川の上流をせき止めた大橋ダムの五〇〇メートルほど北西、葛原《かずらはら》川（吉野川の支流）に面する小集落の名である。

・鹿児島県指宿《いぶすき》市西方《にしかた》字中川

ＪＲ指宿枕崎線宮ヶ浜駅の八〇〇メートルくらい南西になる。湊川の両岸にわたる地名で、水につかりやすそうな低平地である。

以上はもちろん、中川（地名）のごく一部にすぎない。いちいちは記さなかったが、これらのそばには、中川という名の川はない。ただし、例外なく川には面している。つまり、大水が出れば、つかってしまいそうな土地ばかりである。

カワチ（文字は河内、川内など）なる地名がある。カワウチ、コウチ、カチともなっていたりする。この地名は西日本にはざらにあるが、なぜか東日本には少ない。

その由来は、文字から考えてのことであろう、よく「川にはさまれたところだから」と説明される。しかし、実際のカワチを眺めてみると、それに当てはまる場合は、そんなに多くはない。むしろ、「川に臨んで増水時には水が押し寄せて来かねない場所」の方が一般的だと思う。

すなわち、ナカガワとカワチとは、ほとんど同じ地形であることが少なくない。ということは、川中と中川は、しばしば意味に違いがないことになる。そうだとしたら、中川は「川の中」の意の後置修飾構造の言葉だといえるはずである。それは、山中と中山との関係と異なることがない。

川の名というのは、だいたいは流域の地名が転用されている。

千葉県の養老川は、房総半島の南部、清澄山（三七七メートル）の東麓を源流とし、ほぼ一貫して北へ向かって流れたあと、市原市五井《ごい》で東京湾へ入る。全長は七五キロばかりである。

養老川は、江戸時代には「用呂川」と表記されることが多かった。この名は中世、中流域の現市原市中高根にあった「与宇呂保《ようろほ》」という地名によっている。「保」は、数ヵ村を合わせたくらいの広さを指す中世の地域単位である。したがって、もとはそのあたりの流れだけを「ヨウロ川」と称していたと思われる。それがのちに縁起のよい「養老」の文字に置きかえられ、いまに至っているのである。

江戸期には、まだ河川名が用呂川に統一されていたわけではなく、大川、高滝川、手綱《てつな》川、五井川、加茂川、烏宿《うしく》川などとも呼ばれていた。これらは、大川を除いて通称を含む地名によったものらしく、だからその地名に対応する範囲でのみ使われていたと考えられる。ちなみに、烏宿は今日、（上総）牛久《うしく》と書いている地域のことである。

中川の名も、おおかたは流域の地名「中川（川の中すなわち川沿いの土地）」から付けられたのではないか。多数の中川を調べた結果ではないが、こちらの方が「真ん中の川」よりは多いような気がする。

6　内野山と台刈《だいかり》、刈浜

「山ノ内」の地名は、各地に珍しくない。由来は文字どおりにとってよいと思う。

これとは逆に、数は多くはないが、「内ノ山」というのもある。こちらの方には、いったいどんな意味があるのだろうか。その答を得るには、この地名の付いた場所のことを調べてみるしかあるまい。

アボック社の『新日本地名索引』には、「ウチノヤマ」の音をもつ地名が五つ載っている。そのうち、

・新潟県十日町市宮中の打野山《うちのやま》（三七四メートル）

は、信濃川をせき止めた宮中ダムの一キロほど西の山の名だから、対象からははずしたい。

・佐賀県嬉野《うれしの》市嬉野町下宿《しもじゅく》 字内野山

は、長崎自動車道嬉野インターから一キロばかり南西の集落名である。しかし、ここの一キロくらい東南東に下宿字内野があり、内野山は内野地区の山分、山側の意で付けた可能性があるので、これも除いておくことにしたい。

そうすると、残るのは次の三つしかないことになる。

・鹿児島県姶良《あいら》市北山字内ノ山

は、霧島市との境の烏帽子岳（七〇三メートル）から一キロほど南西の地名である。

現在、インターネットでも閲覧できる国土地理院の地形図に、この地名は出ているが、人家や田畑の印は付いていない。山に囲まれた中に、ただ「内ノ山」と記されているだけである。

一方、わたしの手元の一九六八年編集（一九七五年修正）の五万分の一図には、人家と水田の印が見える。当時はまだ、ごく小さな集落が存在していたのである。ただし、そこには地名は書き込まれていない。

そこで、グーグルの航空写真を眺めてみると、一帯は原野のようになっており、家も田んぼも全く確認できない。ただ、曲がりくねった道の跡らしきものが、かすかに写っているのがわかる。

以上のことから、少なくとも一九七五年ごろには、ここに五万図にさえ名前も記されないほど、ささやかな集落があったが、その後、全戸が離村して、いまは無人の山腹になっていることが知られる。

地名については、『新日本地名索引』が発行された一九九三年ごろには、地理院地図に載せられており、現在もそのままになっている。だが、ほかの消滅集落の例から考えて、これも間もなく除去されることだろう。

「内ノ山」の地名が、いつできたのかはわからない。しかし、遅くとも江戸時代には存在していたはずである。既述の『角川日本地名大辞典』の鹿児島県の「小字一覧」には、旧姶良町北山に内ノ山の小字が見える。同一覧は、明治初めの資料にもとづいていると思われ、そこの地名の成立が江戸以前にさかのぼることは間違いないからである。

内ノ山は、南の一角だけが口を開けた盆地状の、狭い窪地である。つまり、文句なしの「山の内」「山の中」だといえる。そこを内ノ山と呼んでいることになる。

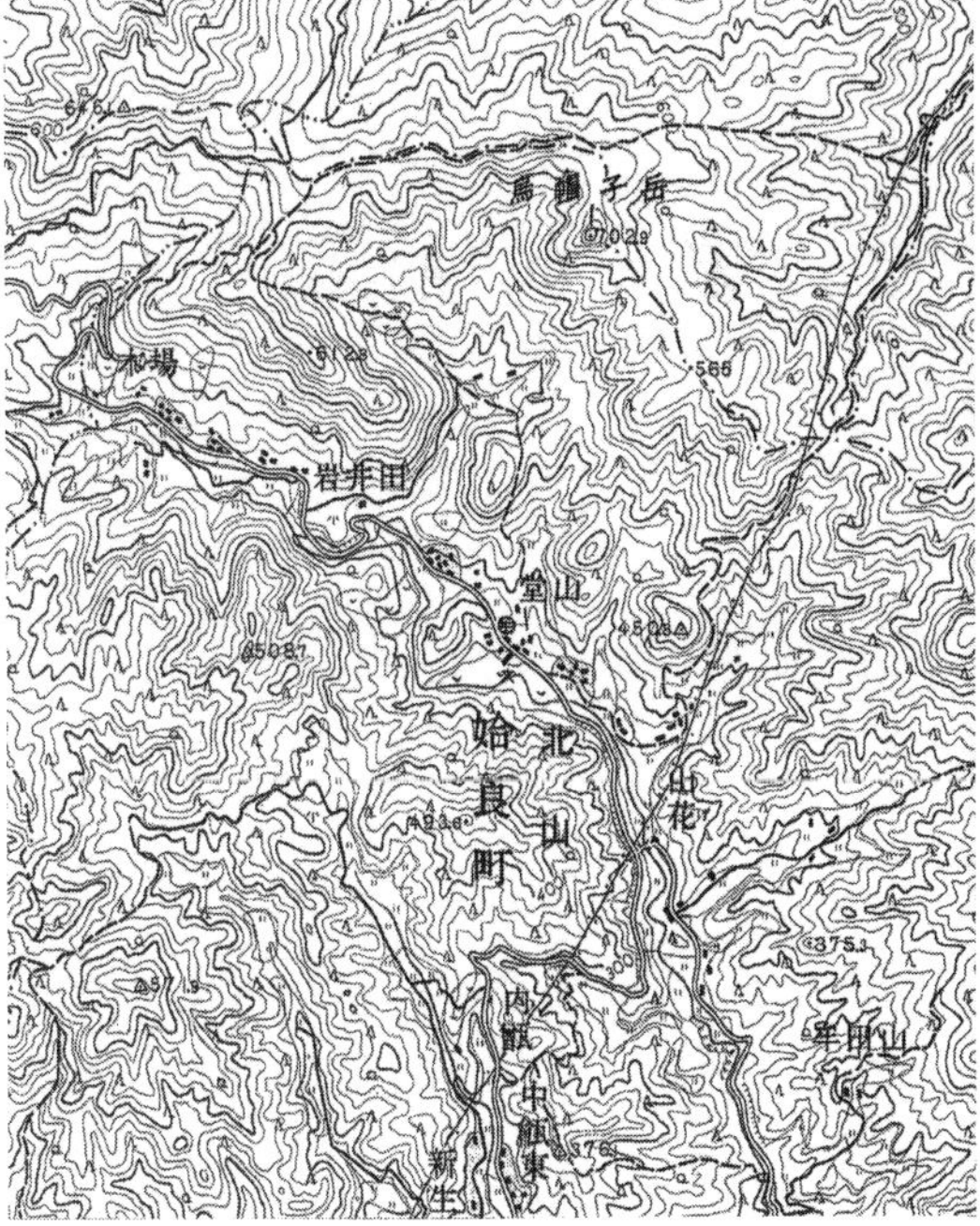

鹿児島県姶良市内ノ山あたりの地形図。烏帽子岳と岩井田とのあいだの人家の印が見えるところが内ノ山。1968 年編集の 5 万分の 1 地図「栗野」より。

・長野県上田市武石《たけし》上本入《かみほんいり》字
　内の山

は、武石峠の五キロばかり東に位置している。ここは、武石川（千曲川水系依田《よだ》川の支流）に沿った、タチウオ型小国地形の西端になる。ぐるりを山に囲まれており、まずは型どおりの「山の内」「山のあいだ」といったところである。

・茨城県坂東《ばんどう》市内野山

この一帯は、飯沼川（利根川の支流）の氾濫原および、それに接した地域で高い山はない。そんな中で、内野山の近隣は丘陵状の微高地になっている。例えば、地内の坂東市立内野山小学校の校庭は標高一八メートル余り、まわりの水田は九—一一メートルくらいである。

鹿児島県の内ノ山や長野県の内の山あたりでは、こんな程度の高さでは、もちろん山などとはいわない。しかし、吐噶喇《とから》列島の中之島（鹿児島県鹿児島郡十島《としま》村中之島）の東岸には、全長わずか一・五キロほどの小流れに「大川」の名が付いた例があるように、関東平野のような一面の平坦地では、比高差一〇メートルに満たないのに「山」と呼ばれているところは、あちこちに見られる。

実際、内野山の一角には、いまも山の中の雰囲気を残したところがある。また、ここから二キロばかり北西には「山崎」（坂東市沓掛《くつかけ》字山崎）の地名があるが、ここは内野山を含む丘陵の先端部に当たっている。それは、この台地が山と意識されていたことを裏づけているといってよいだろう。

さらに、平凡社の『茨城県の地名』によると、内野山の氏神、天神社（松崎天神）の社伝では、この神社は、天慶《てんぎょう》八年（九四五）に菅原道真の三人の子が、ここを訪れた際、

「飯沼に囲まれた老松鬱蒼の美景を賞して一祠を建立」

したことが起源だという。にわかには信じがたい話だが、ある時代までの内野山は、松の大木をまじえた鬱蒼とした森であったとしていることは事実ではないか。要するに、ここも「山の中」と呼んで不自然ではないところである。

そうだとするなら、三例だけながら、「内ノ山」はいずれも「山ノ内」と同義であることを示して

茨城県坂東市の台刈と刈浜。左側の森が見える方が台刈、右側の神社が建つ方が刈浜になる。

おり、これは後置修飾構造の地名だといえると思う。

なお、内野山には「台刈」と「刈浜」という地名が相並んで存在する。前者は西仁連川《にしにれ》（飯沼川の支流）西岸の高台に、後者は東岸の低地に位置している。このカリの意味が、わたしにはわからないが、二つは、どうも「台上のカリ」と「浜側のカリ」を指しているらしく思われる。内陸にあっても、川べりを浜と称することは、そう珍しくはない。

この台刈と刈浜も、山中と中山などと同じように、前置構造と後置構造の関係にあるのではないか。ほかにも、野中と中野、山内と内山、浦ノ内と内ノ浦なども同例の地名の可能性が高そうである。

右のうち、浦ノ内と内ノ浦について多少の説明をすれば、

• 高知県須崎《すさき》市浦ノ内

は、太平洋が東から西に深く切れ込んだ浦ノ内湾（通称・横波三里）に臨んだ地域の名であり、

・鹿児島県肝属《きもつき》郡肝付町の通称内之浦（旧内之浦町）は、志布志《しぶし》湾に面した内之浦湾沿いの地名である。

ウラ（浦）とは、海が湾入した海域を指すから、これに「湾」の語を加えるのは重複になるが、とにかく浦ノ内は前置構造の、内之浦は後置構造の地名だと考えられる。

以上、本章で述べたことから判断して、日本語には両構造の言語が混入していることは間違いないのではないか。

第八章　「ツマ（妻）」の原義は「そば」「へり」である

1　「中妻《なかつま》」という地名のこと

全国的にはかなり珍しいと思うが、関東地方の一部を中心に、ときおり見られる地名に「中妻（仲妻）」というのがある。わたしが気づいたかぎりで、この地名の所在地を次に列挙してみる。

〈茨城県〉

- 取手市小文間《おもんま》字中妻
- 常総市中妻町
- つくば市北中妻、南中妻
- 稲敷郡美浦《みほ》村信太《しだ》字仲妻
- 久慈郡大子《だいご》町冥賀《みようが》字中妻

〈栃木県〉

- 小山市乙女《おとめ》字中妻
- 下都賀《しもつが》郡野木町佐川野字中妻
- 同郡壬生《みぶ》町上田《かみだ》字中妻
- 栃木市岩船町小野寺字中妻

・同市都賀町家中《やなか》字中妻
・佐野市並木町字中妻
・同市山形町字中妻
・同市御神楽《みかぐら》町字中妻
・宇都宮市上桑島町字中妻
・同市氷室《ひむろ》町字中妻
・日光市七里《しちり》字中妻
・塩谷郡高根沢町上阿久津字中妻
・芳賀郡茂木《もてぎ》町山内字中妻
・那須郡那珂川町大山田上郷字仲妻

〈埼玉県〉
・越谷市増林字中妻
・上尾《あげお》市中妻
・熊谷市下奈良字中妻

この地名は少数ながら、東北地方にもある。

〈岩手県〉
・遠野市青笹町青笹字中妻

〈福島県〉
・いわき市遠野町根岸字中妻
・同市同町入遠野《いりとおの》字中妻

・田村市常葉《ときわ》町早稲川《わせがわ》字中妻

そうして、遠く九州に飛んで、

・宮崎県西都《さいと》市中妻

がある。

一見してすぐ気づくように、この地名の分布は著しい片寄りを示している。栃木県には一四ヵ所も、茨城県にも五ヵ所あるのに、これに隣接する群馬県、千葉県では全く確認できない。もちろん、あとの二県でも、もっと徹底してさがせば見つかる可能性は十分あるにしても、分布差はおそらく残るのではないか。

さらに、関東地方南部から西では、国土地理院の地図によるかぎり、ほとんど見つけることができない。たった一つ、宮崎県に例外があるが、これは後述するように、東日本の中妻とは地名の由来が違うのではないか。

地名にも、方言と同じように、特定の地域でのみ用いられる例が存在する。社会の階層によって異なる言葉が使われる場合、それを階級方言と呼ぶことがあるが、「地名方言」とでも表現しうる現象が指摘できるのである。

「中妻」は、典型的な地名方言だといえると思う。

2　中妻はカワチと同じ地形を指す

東日本の中妻は、いまわたしが住んでいる千葉県の北西端から、そう遠くないところが多い。その地の利を生かして、わたしは右の中妻のほとんどを訪ねることができた。

初めのうちは、そこにどんな理由で中妻という地名が付いたのか、まるでわからなかった。どこの中妻も、何の変哲もない場所のように思えたのである。

しかし、五ヵ所、一〇ヵ所とまわっているうちに、気づいたことがあった。中妻は、みな川べりに位置していたのである。川には大小があるが、そのすぐそばにあって、高台や山中の流れのない土地に、この地名が付いた例は一つもなかった。中には現在は、そうは見えないところもなくはない。だが、その場合でも、何百年か前には横を川が流れていたことが想像できるのだった。

中妻は単に川に面しているだけではない。土地が低くて、いったんまとまった雨が降れば水につかってしまいそうな地形が大部分である。そこは大河の氾濫原であったり、小河川沿いの低平地であったりするが、水損をこうむりやすいという特徴をもっている。逆にいえば、その不利を覚悟すると、水田経営には向いていることになる。

これらは、とくに西日本に多いカワチ（カワウチ、コウチ、カチなどとも）地形の場所に、よく似ている。言葉の成り立ちは異なるかもしれないが、ほぼ同じ意味の土地だと考えてよいだろう。

それは国土地理院の地形図やグーグルの航空写真を見ていただくと、うなずけるのではないかと思う。だから、ここでは、いくつかの中妻をえらんで、地図や写真だけではわからないことを指摘しておきたい。

・茨城県取手市小文間字中妻

利根川左岸（北岸）に沿った東西三キロほど、南北一キロ前後の台地の北側へりに位置する。いま前面（北側）は広大な水田になっているが、古くは小貝川（利根川の支流）の氾濫原であったろう。

地内の真言宗豊山《ぶざん》派、福永寺の敷地に縄文時代後期—晩期（四〇〇〇年ばかり前）の中妻貝塚がある。その発掘調査報告書によると、遺跡の所在地は小文間字中妻耕地となっている。地理院地図では単に中妻だが、その下に耕地を付けて呼ぶこともあったらしい。

茨城県取手市の中妻を、もとの氾濫原の方角（北側）から望む。

カワチ（河内）は訛ってコウチとなることがあり、文字では高知（高知市など）、高地（上高地など）と書かれたりする。右の耕地もおそらくは当て字で、本義は河内である可能性が高い。

また、福永寺は山号を「海中山」という。寺伝では、本尊の毘沙門天像が天長元年（八二四）に、裏の海岸の波打ちぎわから出現したためであるとしている。その真偽はともかく、昔は台地が海（霞ヶ浦を含む、いわゆる香取の海）に直接、臨んでいたからこその伝説に違いない。

要するに、この一帯はもとは海であり、その後、少しずつ陸地化して、増水時にだけ水につかる氾濫原であったが、いまでは水田になっているのである。そうして、台地と氾濫原との境あたりをコウチ（河内）ともナカツマとも称していたことになる。

・栃木市岩舟町小野寺字中妻

三杉川（利根川水系、渡良瀬川の支流）上流の右岸（西岸）沿いに位置する。茨城県取手市中妻の前面にくらべたら規模はかなり小さいが、川に面した低平地に水田が開けている。つまり、カワチ地形である。

ここにも、中妻のすぐ下流に上耕地、西耕地の地名が存在する。これについて、あるいは文字どおりの意味による地名ではないかと考える人もいるかもしれないので、ひとこととしておきたい。

中世ごろまでの庶民は、ほとんどが文字の読み書きができなかった。だから、田畑のことをコウチ（耕地）といっても何のことかわからない。それが「耕すための土地」であると理解するには漢字の知識がいるからである。

コウチに高知とか高地の文字を当ててみても、漢字を学んだ人間にしか意味もわからなければ、なぜそんなことをするのかも了解できなかったといえる。ちなみに、高知市の「高知」の文字は、河内が水損地による地名であることを嫌って、当時の政治権力に連なる者たちが縁起のよい字に変えた結果であった。

要するに、中世までの、とくに小地名は、だいたいは本来の日本語で付けられていた。ただし、仏教関連と法律・土地制度に由来する地名、例えば仏供田《ぶっくでん》とか禁野《きんや》などといった、宗教的、政治的権力が上から押しつけてきたものには例外がみられる。

室町時代ごろになると、とくに土地制度について漢字語による地名も増えはじめたらしく、荒廃地を指す「荒野《こうや》」なる地名が付けられたりするが、岩舟町のコウチが「荒地」の当て字である可能性は、まずあるまい。

このあたりの歴史は非常に古く、小野寺の地名の由来になった天台宗小野寺山大慈寺《だいじじ》は天平九年（七三七）、行基の開山と伝えられている。隣接する村檜《むらひ》神社は、一〇世紀前半に成立した『延喜式』の「神名帳」に載る式内社である。上耕地も西耕地も、そのそばの地名であり、早くから開発されていたろう。長く荒地として放置されていたことなど考えられないことである。

•栃木県宇都宮市上桑島《かみくわじま》町字中妻

鬼怒川（利根川の支流）右岸（西岸）の水際の地名である。いまでこそ川とのあいだに高い堤防が築かれているが、第二次大戦前には、ほとんど河川敷といえるような場所であったろう。増水時には、見わたすかぎり濁流がうねって、川べりというより川の中そのものになっていたのではないか。

•栃木県塩谷郡高根沢町上阿久津字中妻

やはり鬼怒川沿いだが、こちらは左岸（東岸）になる。右の中妻より一五キロばかり上流に位置して、現在では川から一キロくらい離れている。しかし、しばしば水につかったからであろう、集落はほとんどない。

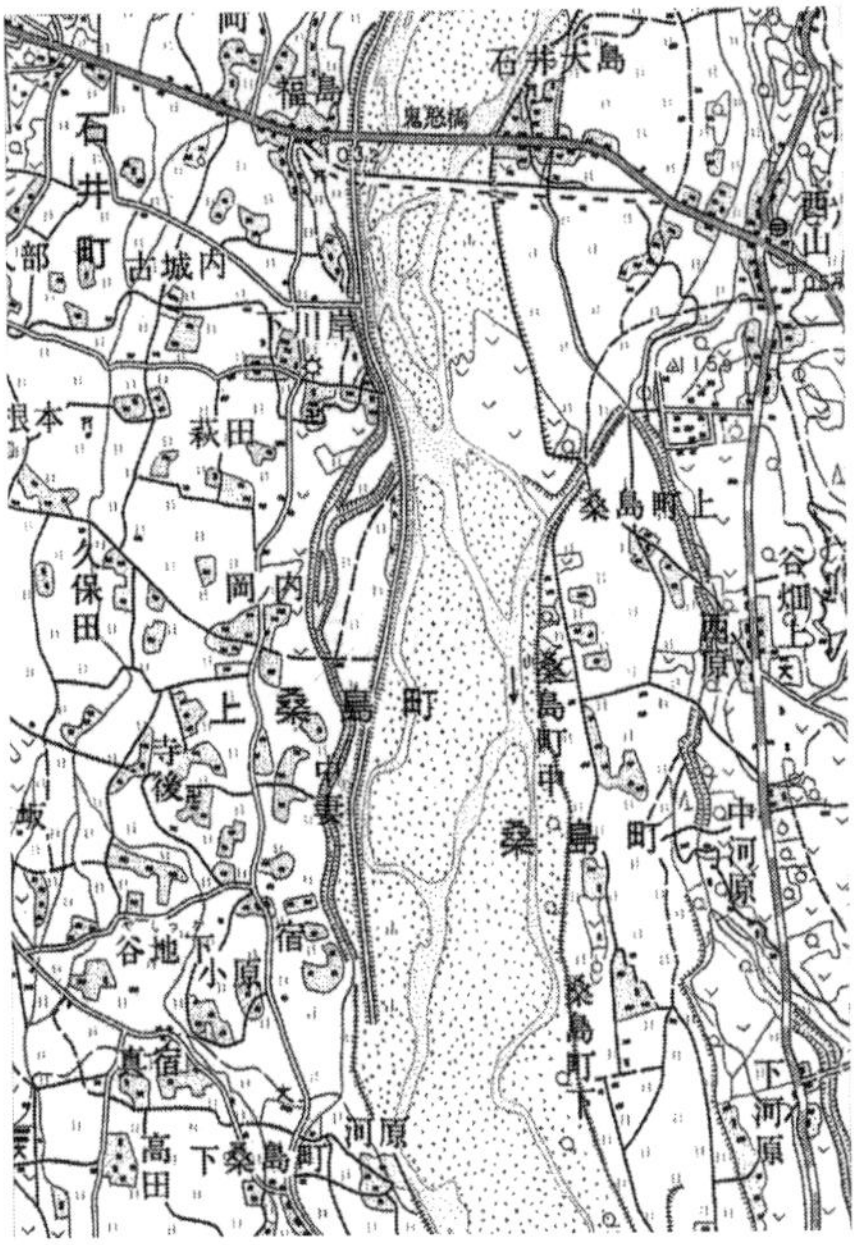

1970 年ごろの宇都宮市上桑島町中妻近辺の地形図。本格的な堤防は、まだ宿と河原の中間あたりまでしか築かれていなかった。1972 年修正の５万分の１図「宇都宮」の部より。

上桑島町とここことは、大河に面したナカツマ（カワチ地形）の例だといえる。

•福島県いわき市遠野町根岸字中妻

前面（東側）の根本川（鮫川の支流）沿いがカワチ地形になっている。一キロほど上流に川畑の地名が存在するが、これは「川端」の意ではないか。こういうところは畑ではなく、田んぼに向いているからである。

・いわき市遠野町入遠野字中妻

前掲の中妻から根本川を五キロばかりさかのぼった、水田の北端に位置する。できるだけ水害を避けるため、やや高くなった土地に集落をかまえたと思われる。

遠野町の二つの中妻は、小河川に臨んだナカツマになる。

3　言葉で説明することができるか

東日本の一部に集中している中妻（仲妻）は、川べりの水損地に付けられた地名であることは、まず間違いないと思われる。多くの中妻をまわってみると、どうしてもそういう結論にならざるを得ないのである。

しかし、ナカツマなる日本語に、そんな意味が本当にあるのだろうか。それを考えるために、とりあえず「つま」の言葉を取上げることにしたい。

小学館の『日本国語大辞典』は、この音をもつ語を、

・つま【妻・夫】

・つま【端・褄】

の二つの項目に分けて、かなり詳しい説明を加えている（ほかに同音の特殊な隠語についても、簡単な記述があるが、こちらは本書の当面の話とは直接のかかわりはないので、引用は省略しておく）。

今日、妻といえば、夫婦のうちの女性の方だけを指しているが、古代には、男性側をもツマと呼んでいた。そうして、それは恋愛中の男女にとっても同様であった。ツマの語のそのような使用例は、八世紀に成立した記紀万葉にも珍しくない。

これについて、前記辞典は、

〈「つま（端）」と同じく、本体・中心からみて他端のもの、相対する位置のものの意で人間関係では配偶者をいう〉

と述べている。この原義から、「添え加えるもの」の意味が生じ、

〈料理に添えて出す少量の海藻や野菜。味を添えるためにつけ足したもの〉

のような使われ方もされることになる。つまり、人のツマ（妻、夫）も刺身のツマも、語源は一つだったとしているのである。

一方、つま【端・褄】の項では、本義は、

〈もののはじめの部分。へり〉

にあるとし、これから、

①建物などの正面を平（ひら）というのに対して、側面をいう語。建物ならば棟《むね》と直角の側面。
②きっかけとなるいとぐち。てがかり。端緒。はじまり。もと。
③着物の衽（おくみ）の衿先《えりさき》より下の部分のへり。また、長着の裾（すそ）の左右両端の部分。

などを指す言葉が生まれたという。

①と③は、その方面の専門家が使うくらいで、普通の人たちには、もはや正確な意味はわからなく

なっているのではないか。②も、すでに死語になっているといっても過言ではあるまい。

同辞典には、もっと別の語義も、いろいろと示されている。しかし、それらを含めてツマという日本語のもっとも根源的な意味は、「そば」「へり」にあると思われる。

そうであるとしたら、中妻のツマもこれだと考えてかまうまい。では、ナカの方はどうだろうか。これは山中と中山、川中と中川などの「中」であろう。中妻を前置修飾構造の言葉とすれば、「中の(川)へり」となって何のことか、はっきりしなくなるが、これを後置修飾語だとみなせば、「(川)へりの中」となって河内や川中と同義になる。そうして、この理解は先に挙げた二〇いくつかの中妻の地形とも、よく合致するのである。

右で、単に「へり」だったはずのツマを「川べり」としていることに、疑問を覚えられる方もいるかもしれない。もっともなことだが、ツマがとくに川べりを指す場合があったことを示す地名が現に存在する。次節以下で、それを取上げることにしたい。

4　川妻、上妻、下妻

前にも書いたことだが、アボック社の『新日本地名索引』(一九九三年)は、植物分類学者の金井弘夫氏が国土地理院発行の二万五〇〇〇分の一地形図四三四三面に載る全地名を学生たちの協力を得て抽出、五〇音順に並べた一種の辞典である。

総項目数は約三八万で、これはそのままで所在地を確認できる地名辞典としては現在、日本最多であろう。ただ、この本には当然ながら、右の地形図には出ていない地名は含まれておらず、地名についての説明もいっさいいない。

一方、『角川日本地名大辞典』(一九七八—九〇年)は、四七都道府県ごとに一巻ずつ(北海道と京都府だけは上下二巻）の構成になっており、その巻末に「小字一覧」が付いている。

しかし、この一覧は各市町村別にはなっているものの、あとは原資料にしたがって、小字がずらっと並べられているだけである。索引はなく、その字は小さい。さらに、一覧を全く欠いていたり、実用に堪えないほど簡略な巻が合わせて一〇ほどもある。

それでも、記載されている小字は全国で三〇〇万以上はあるのではないか。もし、その中から例えば中妻（仲妻）の地名を抜き出そうとすると、細かな文字を追いながらページを繰っていくことになる。これは、すこぶる難儀な作業で、かなり根を詰めても一―二ヵ月はかかると思う。しかも、少なからぬ見落としが出ることだろう。

結局、ある地名が全国にどれだけ存在するのか調べようとすれば、アボック社の索引に頼るのが現実的になってしまう。本書も原則として、この方法を用いている。以上は、いわば前置きである。

「川妻」という、字義どおりには「川の配偶者」とでもなりそうな、おもしろい地名がある。『新日本地名索引』からは三つがひろえる。

- 茨城県猿島《さしま》郡五霞《ごか》町川妻

利根川と、それから分岐する権現堂川とにはさまれた、典型的なカワチ地形である。権現堂川は何度となく破堤、氾濫をしては堤防の強化という歴史を重ねていたが、昭和三年（一九二八）に利根川との分岐点と、ここから五キロほど下流の中川との合流点とを閉め切って、いまでは長い湖のようになっている。

それまでの川妻は、二つの大河のあいだの島のようなところであり、「川の妻」の名にぴったりの土地であったろう。実際、この地名は川のツマ（そば、へり）の意で付けられたに違いない。

- 埼玉県春日部市小平字川妻

茨城県五霞町川妻の利根川べりの河川敷。前方に筑波山が見える。

埼玉県春日部市の川妻。写真ではわかりにくいが、家は水塚の上に建てられている。その向こうには江戸川の堤防が見える。

利根川から分流する江戸川右岸（西岸）の川べりに位置する。いまでこそ江戸川には高い堤防が築かれているが、その前には水害の常襲地帯であったろう。その証拠に、この一帯には家がまばらにしかなく、どの家も水塚《みづか》の上に建てられている。

水塚は、まわり（ほとんどの場合、水田）より一―二メートル、まれには三メートルほども高い方形の土盛りのことである。本宅や土蔵などは、この上に作り、増水時にそなえた。つまり、水損じたいは避けがたいとの前提でもうけられた人工の塚だといえる。

・埼玉県久喜《くき》市北中曽根字川妻

備前堀川（中川水系大落《おおおとし》古利根川の支流）が、この上流でいったん分流し、川妻のあたりで再び合流している。近隣は一望の低平地で、山と呼べそうな高みは全く見当たらない。

古い時代、川妻にかぎらず、この周辺は利根川と荒川の本流、支流、分流がもつれ合い、よじれ合いながら、年中、流路を変えつつ、いまの東京湾方面へ流れ下っていた。地名ができたころ、川妻が何という川に臨んでいたのか不明である。

以上、わずか三つながら、「川妻」の名が付いたところは、いずれも川べりに位置している。ということは、この地名が「川のツマ（そば、へり）」を指している、と考えてよいのではないか。いずれも、中妻地名圏に含まれていることは、偶然ではあるまい。

「妻」が付いた地名は、ほかにもいろいろあるが、とくに中妻との関連で気になる地名に下妻が挙げられる。

・茨城県下妻市下妻

は、一つの市の名にまで採用されており、関東地方の住民でなくても知っている人が多いことだろう。

下妻の由来について、『角川日本地名大辞典』は、

〈「下妻市史」によれば、騰波江《とばのえ》（湖）沿岸のシモ（南部）・ツ（の＝助詞）・マ（港の古語）の意である〉

と述べている。右のマの言葉は、小学館の『日本国語大辞典』では、

〈河口を利用した河港と区別して、入江や島かげを利用した港をいう。日本海岸から北海道地方にかけて使われることが多い。掛《かか》り澗《ま》。間湊《まみなと》〉

と説明されている。大型黒マグロ（本マグロ）の水揚げ港として有名な青森県大間漁港（下北郡大間町）のマは、これのようである。

騰波江は、小貝川と、その支流の糸繰《いとくり》川が形成していた大沼沢地のことだが、いまでは一面の水田になっている。ツは「沖つ白波」「天つ羽衣」などのツで、現今の所有、所在を表す助詞の「の」に当たる。

要するに、『下妻市史』では、下妻は「下・の・港」だと解釈していることになる。これを説得力のある説にするには、ほかに少なくとも三つや四つの同例あるいは類例を示す必要があるが、それはなされていない。

代わって検証をしようにも、下妻なる地名は、アボック社の索引にも合わせて三つしか載っておらず、しかもあとの二つは茨城県の下妻とは由来が違うらしいので、妥当性を判断するのは難しいとい

える。ちなみに、

・福岡県筑後市下妻

は、古代の「下妻郡」によっているが、その当時は隣に「上妻郡」もあった。いいかえれば、「妻」を上と下とに分割して二つにした結果だと考えられる。

・宮崎県西都《さいと》市下妻

も、同じように妻という地名の「下《しも》」に当たり、これに並んで中妻もある。すなわち、妻をもとに中妻、下妻ができたのである。

前者は矢部川から分流する沖端《おきのはた》川沿いの、後者は一ノ瀬川右岸（西岸）のカワチ地形の土地で、その「妻」は川べりを意味している可能性が高い。

なお、上妻という地名は『新日本地名索引』には一つも出ていない。よほど珍しいか、ひょっとしたら皆無なのかもしれない。そうでなくても、上妻、下妻が中妻にくらべて著しく少ないことは明らかであろう。

そうであるとするなら、ツマは一般的には「ツ・マ（の・港）」を指すのではなく、川べりの意だと考えてよいのではないか。もしツ・マであるとすれば、上、中、下がほぼ同じくらいか、それに近い割合で存在する方が自然だからである。

5　単に「ツマ」という地名の由来

『下妻市史』が記すように、妻がツ・マであるためには、上に何らかの語が付かなければならない。ところが、単にツマだけで、上にはむろん下にも何もつづかない地名が、少数ながら存在する。それを、やはりアボック社からひろって多少の説明をしておきたい。

・福島県田村市船引町遠山沢字津間《つま》

阿武隈川水系、大滝根川の小さな支流沿いに近い集落の名である。この一帯にはヤチ田（山のあいだに入り込んだ湿地帯につくられた水田）が多く、ここの前面も、その一つだといえるだろう。カワチ地形には含めにくい気がする。

なお、ツマの音に漢字二文字を当てる例は、このあとにも出てくるが、日本の地名では古代の好字令（地名は縁起のよい文字二つで表せとの法令）以来、一文字を避ける傾向があり、ここもそれによったものではないか。

・福島県いわき市平《たいら》下山口字妻

山口川（滑津《なめつ》川の支流）沿いの小さな氾濫原の一角に位置している。ここから五〇〇メートルばかり西に妻下《つました》（平上高久《かみたかく》字妻下）の地名があるが、川筋は違う。いわき市の周辺は中妻地名圏でもあり、川べりを意味するツマの語がかなり広く使われていたのかもしれない。

・茨城県北茨城市大津町北町字妻

JR常磐線大津港駅の一キロほど東になる。ここもヤチ田に面しており、先の船引町の津間にやや似た地形である。

以上の三ヵ所は中妻地名圏の中に入るが、いわき市の妻を除いて、一般的な中妻の地形とは、いくぶんへだたりがあるような印象を受ける。

次の四つは、いずれも遠く離れた西日本のツマになる。

・兵庫県西脇市津万《つま》

JR加古川線比延《ひえ》駅の北西に位置して、加古川右岸（西岸）の広大な氾濫原の一角を占める。近くに嶋、西嶋、大垣内《おおがち》（これは大きな垣内《かいち》＝集落の意ではなく、大河内の訛りではないか）の地名がある。まずは、典型的なカワチ地形としてよいだろう。

•和歌山県橋本市妻

JR和歌山線橋本駅の一キロくらい東にあって、現行の行政地名としては南北に細長い地域になっている。その南端は紀の川に臨んでおり、当然、古くは水損をこうむりやすかったと思われる。やはり、型どおりのカワチ地形だといえる。

•島根県隠岐郡隠岐の島町都万《つま》

隠岐諸島・島後《どうご》の南西岸に近い。都万川沿いの氾濫原に沿った地名である。ここは隠岐の中では、もっとも広い水田地帯の一つになる。

•宮崎県西都市妻、妻町

既述のように、現今の住居表示では、ほかに中妻と下妻もある。いずれも、もとはツマといっていた地名からつくられたものであり、妻万とも都万とも書いた。地内の現都萬《つま》神社が、『続日本後紀』承和四年（八三七）八月一日条に「子湯《こゆ》郡妻神」（現在は児湯と書く）と見えていることからわかるように、ここのツマという地名は遅くとも九世紀にはできていた。

右のツマは、一ツ瀬川の右岸（西岸）の氾濫原に位置している。広大かつ典型的なカワチ地形であったろう。

以上、西日本の四ヵ所のツマは、指す範囲がかなり広い。つまり、大地名になっている（小字は一つもない）。地名が、このように成長するには、一般に長い年月を必要とする。すなわち、命名が非常に古いことを示している。

そうして、四つでは例数が少なすぎるが、どれも氾濫原にある。いいかえれば、そういう不利はあっても、水田耕作の適地であった。それが早くから人が住んだ理由でもあったろう。

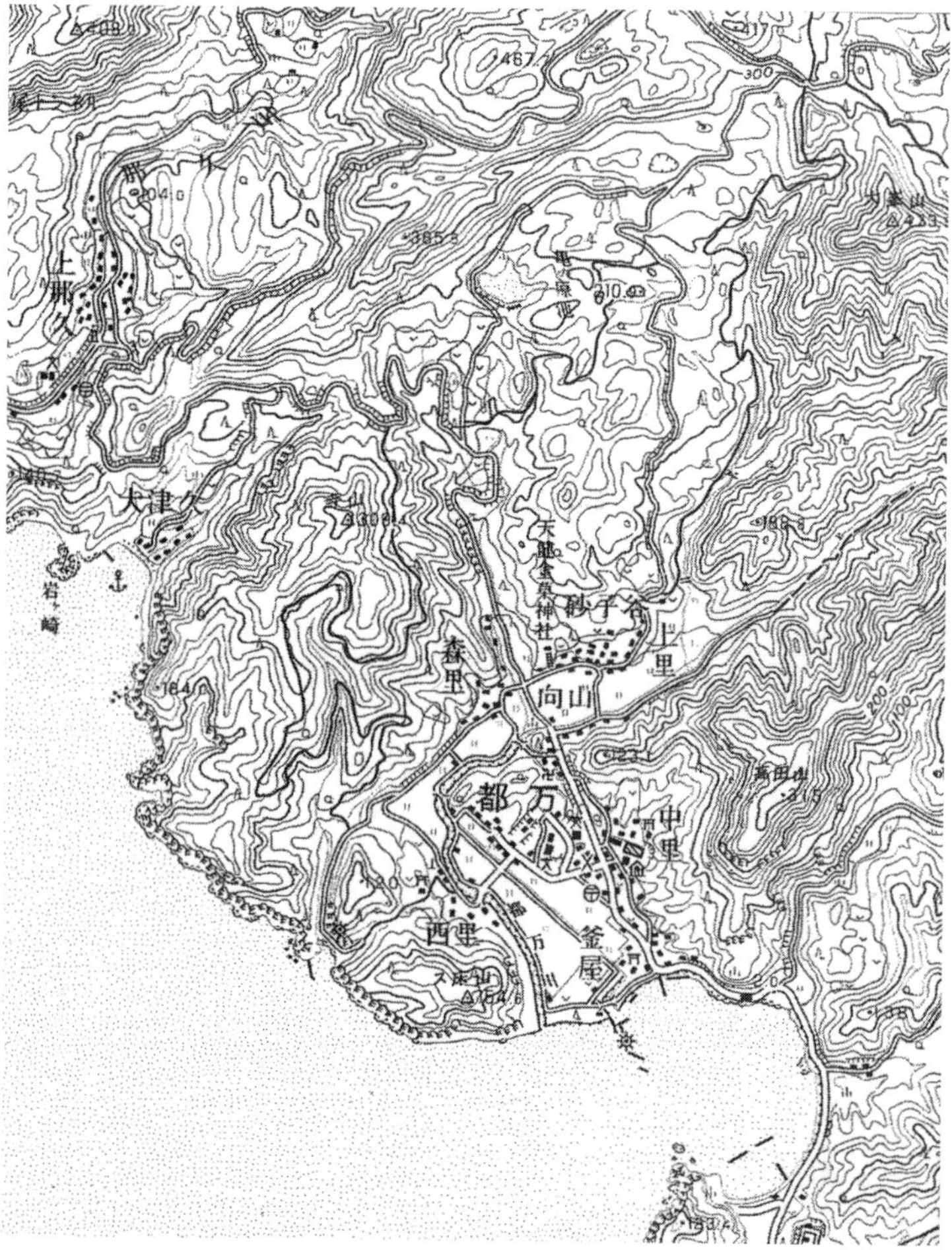

島根県隠岐の島町都万付近の地形図。５万分の１地図「西郷」より。

ともあれ、これらの地名は、ツマがカワチと同義の言葉として使われることがあった裏づけになると思う。

ツマが付く地名としては、ほかにも大妻、小妻、妻籠《つまご》、妻田、妻屋……など、いろいろある。これらについて、わたしは調べていないが、おそらく川べりで解釈がつくものも、つかないものもあるのではないか。地名の由来の追究は、そうそう一本調子でできるものではない。

6　川べりを指す地名は何十種類もある

日本は山国であり、また川の国でもある。外国には何十キロ四方、ときに何百キロ四方にもわたって、川らしい川がない地域も珍しくないが、わが国では、そんなところはどこにもない。

川があれば、その流域はすべて川べりのはずなのに、それを意味する地名、例えば河内や中妻が、そんなに多くないのはなぜか、と思う人もいるかもしれないので、これについてひとことしておきたい。

まず、地名は人がとくに注意を向けていたところ、居住や耕作などに有利な場所に優先的に付けられた記号だということがある。人里から遠く離れた深山幽谷には、多くの場合、地名などなかったろう。

川べりで関心をもたれやすかったのは、前面が水田に適した平坦地で、その後背にやや高くなった土地が存在する地形、すなわち河岸段丘であった。あまりにも広豁な大河の川沿いは、耕作地と河流の管理が難しく、開発はむしろ遅れていたのではないか。川べりを指す地名は案外、山間地の方に多いものである。

次に、川べりはそこら中にあって、これを意味する言葉も、だいたいは平凡な普通名詞であった。

だから、印象がやや薄く、そこへ例えば鋳物師《いもじ》の集団が臨時的にでも移り住んできたりしたら、たちまち駆逐されて「鋳物師」の地名になったりした。

さらに、どこもかしこも河内や中妻であれば、記号としての役目が果たせない。そんなとき、だれかが別の特徴にもとづいた名で呼びはじめれば、容易に受け入れられたと思われる。一例を挙げれば、そこに土豪の館でもできたとする。そうしたら、その館を呼ぶ「土居《どい》」の言葉が、もとの地名にとって変わったりするのである。その結果、鋳物師、土居（土井）などの地名が、あちこちにみられることになる。

とはいえ、川が四通八達している国がらだけに、やはり川べりを指して付けられた地名は種類も数も少なくない。それを以下で紹介することにしたいが、全国を網羅することは簡単ではなく必要でもないと思うので、対象地域をしぼってある。もし、これをしなかったら、記述に要する紙数は一冊の本ができるほど膨大になってしまうだろう。

ここでは熊本県、徳島県、岡山県、静岡県、秋田県に属する区域から、国土地理院の五万分の一地図それぞれ一枚（東西二三キロ、南北一八キロ前後になる）をえらんで、そこに載っている川べりの義をもつ地名を取上げる方法をとった。この選択に、とくに理由はない。ただ、所在地のバランスを考え、これまで本書であまり触れてこなかったところを主にしてある。

・「人吉」の部（熊本県人吉市街と、その東方一帯になる。主な河川に球磨《くま》川と、その支流の川辺川がある）

ここでもっとも多いのは、川内（読みはコウチが普通）で、小川内《こごうち》、大川内、西川内、柚木《ゆのき》川内、川内、小川内《おごうち》、岩川内、枝川内などが見える。西小路《にしのこうち》というのもあるが、これは音と地形から考えて、「西の川内」の当て字ではないか。

川辺川沿いに川辺（上川辺と下川辺を含む）があり、また別の川筋に川端もある。さらに、津留《つる》というのがあるが、これは川沿い（まれに海べり）の平坦地を意味し、とくに九州では珍しくない。上大鶴、下大鶴、鶴羽《つるば》（ツル場またはツル端《ば》の意か）のツルも、これであろう。「人吉」分にはないが、ツルにはほかに「水流《つる》」の文字も当てられる。

- 「川島」の部（徳島市西部と、その西方である。真ん中を四国第一の吉野川が西から東へ向かって流れている）

ここでは中須賀（三ヵ所）、北須賀（二ヵ所）、須賀、先須賀などスカが目立つ。スカは川べりの砂地のことである。中須、前須のスはスカの末尾音の脱落か、砂地（お白砂《しらす》のス）、洲（中洲《なかす》のス）のいずれかであろう。

岡ノ川原、川原田（二ヵ所）、高川原などカワラも珍しくない。川端もある。

四国に多いカワチ（コウチ）は、たまたまのことだろうが、宮川内一つしか出ていない。ただし、近くの藤《ふじ》ヶ内《うち》も藤川内の当て字だとすれば、二ヵ所になる。

- 「津山東部」の部（岡山県津山市東部と、その東方になる。吉井川と、その支流の加茂川および、これらの水系の河川がある）

川沿いが多い割には、それを意味する地名が少ない。河原、上河原、下河原（互いに遠く離れている）のカワラと、河内、芦河内のコウチが、それぞれ複数ある。

ほかに河辺《かわなべ》、川崎、河面《こうも》が一ヵ所ずつ見える。カワナベは「川の辺」でカワベと同じ、コウモはカワオモで川のオモ（オモテ）の訛りであろう。オモ（オモテ）は「前面、先」の意だと思う。

- 「天竜」の部（静岡県浜松市天竜区を中心とする地域。西寄りを天竜川の本流が流れ、ほかにもこの水系の中小河川がある）

ここにはなぜか、川べりを指す地名が目立って少ない。その中で、まず大河内《おおこうち》、中河内、下河内、河内川の四つのコウチが挙げられる。ただし、中河内と下河内は隣り合っているので、実質的には三ヵ所になる。

河内川は、天竜川の右岸（西岸）から本流に合する小流れであり、もとは本流沿いにあった河内の地名が、こちらに移った可能性もある。現在の地図には、近くに河内の地名は見当たらない。

これ以外では川原と中瀬くらいしかない。中瀬は市街に接した本流右岸の大氾濫原に位置しており、「瀬（ここでは川の意）の中」のことではないか。つまり、中川や中妻と同じく、後置修飾構造の語のようである。

- 「矢島」の部（秋田県由利本荘市の南部を中心にした一帯。中央を子吉《こよし》川が南東から北西方向に向かって流れている）

川辺、川原、大川原、大川端、沢内（二ヵ所）などが見える。沢内は東北地方に多い地名で、川内（河内）と同趣旨の名であろう。

由利本荘市鳥海《ちょうかい》町上川内《かみかわうち》、下川内は、子吉川沿いの、山間地にしては広大な氾濫原に位置している。下川内の字鶴《つる》ヶ平《たいら》、上鶴田のツルは「人吉」の項でも触れた、河岸段丘を意味するツルのことだと思われる。少なくとも、地形は、それによく合致している。

また、五万図に載っていないが、上川内には川端、下川原の小字が存在する。

以上、本書でこれまでに挙げてきた川べりを指す地名は十いくつかになる。これに川戸（いろんな文字で表記されている）、川名、川根……などを加えたら、数十種類に達するはずである。

秋田県由利本荘市鳥海町上川内、下川内一帯の地形図。５万分の１地図「矢島」より。

第九章　「アオ」「イヤ」は葬地を指す言葉であった

1　山梨県北杜市青木遺跡と殯（もがり）

「アオ（青）」は、『古事記』や『日本書紀』『万葉集』が成立した八世紀にも、現在と同じく色の一種を表す言葉であった。これは当たり前のことだと感じられるかもしれないが、その内容はかなり違っていた。必ずしもブルーの意味には限局されておらず、ときに緑、黄、灰色さらには黒や白を指すことさえあったのである。

このような説明は、ちょっと詳しい国語辞書には、たいてい載っている。そう解釈するしかない例が、少なからず文献に出てくるからである。

しかし、それ以前の縄文時代から弥生時代そして、おそらく古墳時代ごろまではアオは色の種類ではなく（その後半には、何らかの色を指す場合もあった可能性はあるが）、「葬送の地」を意味していた。といえば、ほとんどの方が、

「何を馬鹿な」

と舌打ちされることだろう。そんなことは、どんな辞書、事典を開いても記されていないのだから、それも当然である。

研究者で、そういう視点から「青」の語を取上げた人も、沖縄民俗学・地理学の仲松弥秀《やしゅう》氏と民俗

学・地名学の谷川健一氏、それに僭越ながら本書の筆者を除けば、ほかにはいないようであり、まだ仮説としても認知されていないといえる。

青に、そのような意味があったことを、わずかでも納得していただくには、さまざまな傍証を示しながら、まわりくどい説明を加えていく必要がある。それをせずに、いくら右のようなことをいってみても、だれも相手にはすまい。

ところが、わたしは既刊の拙著『「青」の民俗学』（二〇一五年、河出書房新社）および『縄文語への道』（二〇二一年、同）で、この問題を延々数百ページにわたって論じている。それを、ここで繰り返すことはもちろん、かなり粗い要約を述べることも、紙数をついやしすぎて難しい。もし、興味をもたれる方がいれば、これらに目を通していただくことをお願いするしかない。

とはいえ、ここでいっさいを既刊の本にまかせるのも不親切になる。それで、論旨のさわりだけでも紹介しておくことにしたい。

・山梨県北杜市高根町大字村山北割

は、長野・山梨県境にそびえる八ヶ岳（二八九九メートル）の山頂から南へ一五キロほど、標高七〇〇メートル余りの高原に水田が広がる農村地帯である。

村山北割には二〇の小字があり、そのうちの一つ青木は地内の南東部に位置している。青木は現行の行政区画では南北に細長い地域で、南北間は七〇〇メートルばかり、東西は南辺が二三〇メートル、北辺が三〇〇メートル前後であろう。

歴史的には、小字の中に、さらに小さな地名が存在する場合が少なくなかった。それは例えば、青木のような広さの範囲をおしなべて一つの名で呼ぶだけでは、その地域の住民には不便すぎるということを考えてみれば、おのずからうなずけるに違いない。しかし、小字の下部単位の小地名を知ることは、通常はできない。そこまで記録した資料など、どこでも作られたとはかぎらなかったからである。また、作られていたとしても、残っていないことが多いのではないか。

ところが、高根町は違う。高根町郷土研究会という団体があって、そこの会員たちが手分けして町内の小地名を調べ、一九九〇年に『高根町地名誌』と題する本を発刊したためである。これは、おそらく全国的にも、まれな例ではないかと思う。

それによると、青木には「久岸田（古地図に見えるだけで、だれも読み方を知らないという）」「中反（なかぞり）」「持田（もちだ）」「川天白（かわてんぱく）」「鎌田（かまだ）」「東田（ひがしだ）」「かじ林（かじべーし）」の七つの小地名があったという。同誌は、それを小名《こな》と呼んでいるので、本書もこれにならっておく。

同誌が参考にした「村山北割絵図」と題された古地図には、かじ林（これは聞取りによって明らかになった小名）を除く六つのほかに、「青木」も小名の一つとして書き込まれている。もとは小名であったが、のちに小字に昇格したため省略されたらしい。それぞれの位置を図に記すと、左のページのようになる。

小名の青木で、縄文時代後期の四〇〇〇年ほど前の石棺群が発見されたのは、昭和五十六年（一九八一）春のことであった。水田の区画整理工事の際、土中から人の手で成形されたらしい大きな石が次々と出てきたのである。

連絡を受けた高根町教育委員会が発掘調査を行ったところ、東西八〇メートル、南北五〇メートルくらいの範囲から一四軒の住居址と二〇基の石棺が出土したのだった。

八ヶ岳の周辺一帯には縄文時代の遺跡がおびただしいが、これほどの数の石棺の発見例はほかにはなく、全国的にも異例の多さのようである。

北杜市大泉町の金生（きんせい）遺跡公園に復元されている集石遺構。真ん中に石棺が見える。

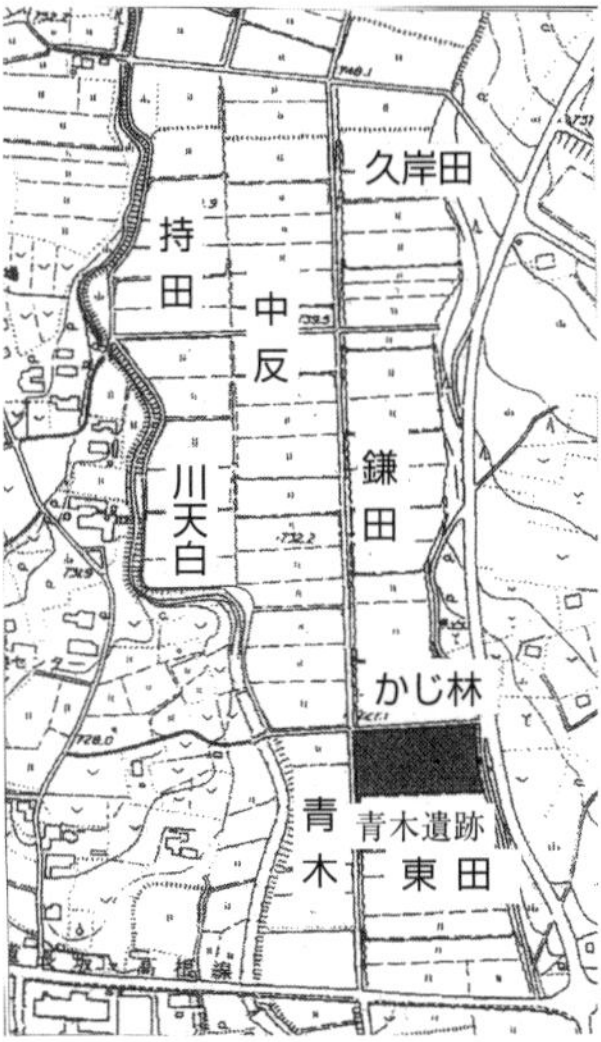

山梨県北杜市の字青木地内の小名（こな）の位置と青木遺跡の所在地

ただし、卑見によれば、これは厳密には棺《ひつぎ》ではなく、殯《もがり》に用いる施設だと思われる。モガリとは、人が絶息して白骨化するまでの過程を指す言葉で、そのあいだ遺族ら死者にゆかりのある人びとは、ことあるごとにまわりに集まって死者をいたむ儀式をとりおこなっていた。二〇基がモガリ用であったことは、「石棺」の下半分だけを地中に埋め、上半分は地上にさらされていたことと、石組みがすき間だらけだったことから、そういえる。

つまり、死者が白骨化するまで、そこに入れておくだけで、骨を拾ったあとは、また別の遺体を納めていたのである。使いまわしの施設であった。が、とにかく、ここに縄文人たちの大規模な葬地があったことは間違いない。そうして、その場所と青木の地名が、ぴったりと重なっているのである。

といったところで、

「それが、どうしたというのか。遺跡の場所の地名が青木だというだけのことではないか」

と指摘されるのが落ちであろう。

この重複が意味をもつには、同じような例を一〇や一五は列挙していかないと、ただの偶然にすぎないと反論されても仕方ないことになる。

わたしは、前記の二拙著で、それを試みているが、既述のように、ここで繰り返すことはできない。ただ、言っておきたいのは「青木」なる地名は各地にいくらでもあるが、その由来を説明できる人は、まずいないのではないかということである。もちろん、「木が青々と茂ったところ」といった、安直かつ実は意味不明の説などを除いての話である。

さらに、これが「荒木」になれば、モガリの場を指す言葉だったと考える人は、相応にいるのではないか。『万葉集』巻第十一の2839番（研究者たちが付けた整理番号）の、

斯《か》くしてや　なほや守らむ　大荒木の　浮田《うきた》の杜《もり》の　標《しめ》にあらなくに

の「大荒木」は、岩波書店刊「日本古典文学大系」の『万葉集』でも、「（天皇など高位の皇族が）崩御・薨去の際新たに作る仮の墓所」と説明されている。「仮の墓所」とは、「モガリの場」のことにほかなるまい。

青木が葬地を指すとしても、決して荒唐無稽の言い分でもないのである。

なお、青木、荒木の「キ」は、本書の第一章8節の草木のところなどで取上げたように、「ある構造物で囲まれた一定の地域、範囲または、その構造物」を指す言葉だと思う。奥津城《おくつき》の場合、それこそ墓域を指す。北杜市の青木遺跡を例にとれば、東西八〇メートル、南北五〇メートルばかりの遺構に当たり、そこは何らかの構造物、例えば木柵などで囲まれていたのではないか。

2　宮城県登米《とめ》市青島貝塚は縄文時代の墓地だった

仙台駅から北北東へ五〇キロほど、白鳥の飛来地として知られる伊豆沼や長沼に近い、

・登米市南方《みなみかた》町青島屋敷

は、もとは北上川の支流、迫《はさま》川の氾濫原に浮かぶ島であった。いまでも地内に、舟場の小地名が残っている。

青島の下に付いた「屋敷」は、このあたりでは集落を意味する語で、地名につづけて屋敷を機械的にくっつけた例はいくらでもみられ、本書の当面の関心からすれば、問題にする必要がない。

青島には近隣で屈指の規模の貝塚があり、そこから多数の縄文時代の埋葬人骨が出土している。貝塚の存在は古くから知られていたので、これまでに何度も発掘が試みられているが、現在、何らかの記録が残っていて、かつ人骨の発見をともなっていた調査が少なくとも四例ある。

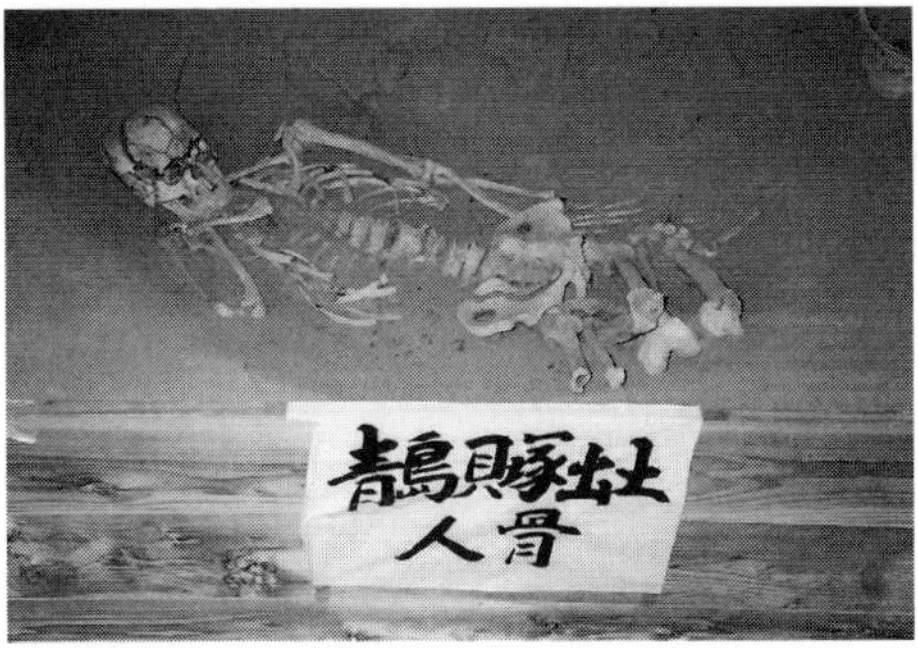

宮城県登米市の青島貝塚から出土した屈葬人骨（南方歴史民俗資料館で）

・明治四十二年（一九〇九）、郷土史家の高橋清治郎氏によって人骨が発見されたが、関係資料の多くが失われて、個体数などを含め多くのことが不明になった。

・大正八年（一九一九）、東北帝国大学の松本彦七郎講師（のち教授）らが本格的な発掘調査を行い、埋葬人骨一四体に加え、幼児骨を納めた「多数の」埋め甕《うがめ》（小さなバケツほどの大きさ）、縄文時代の墓地によく見られる犬の埋葬遺骨二三頭分などを発見した。人骨は、すべて膝を折り曲げた「屈葬」の形をとっており、土坑に入っていた（この当時の報告書は、今日のような写真や模写図をふんだんに使った厳密な様式とは違っていたた

め、詳しいことは不明な点も少なくない)。

・昭和四十四年(一九六九)と同四十五年、当時の南方町の町史編纂に際し、宮城教育大学の平重道教授らが貝塚を発掘、新たに人骨九体と、それぞれに胎児骨が入った小型の甕二個を発見した。人骨はやはり、みな屈葬であった。

・平成二十一年(二〇〇九)、マンホール設置工事に先がけて、登米市教育委員会が発掘を行い、新たに人骨三体を検出した。このときの調査範囲は、わずか三八平方メートルにすぎなかったのに、そこから三体もが出土したのである。

右の発見人骨を合計すると、明治のそれが一体だったと仮定しても二七体になる。ほかに胎児、幼児骨を入れた甕も「多数」見つかっている。さらに、縄文人の墓地に特徴的な犬の埋葬遺骨が二三頭分も確認されている。これだけそろえば、青島貝塚が大規模な墓地でもあったことは疑いようがあるまい。これらの遺骨は、いまから四〇〇〇—五〇〇〇年前のものとされているようである。

なお、青島屋敷では、これまでに知られているかぎり、ほかの時代の墓地は見つかっていない(むろん、近世や近代、現代のそれは除いてのことである)。

「青島」という名の由来については、「青っぽい色の島」のことだろうと簡単に考える人も少なくないのではないか。しかし、本章の冒頭で述べたように、古い時代には青が指す色じたいが現在とは大きく違っていて、そもそもどんな色であったのか必ずしも明確ではない。

仮に、これをブルーの意にとったとしても、わたしがこれまでに訪ねた海と内陸(湖や河川の氾濫原)の青島二〇いくつかのどれも、そんな風には見えなかった。つまり、青島というありふれた言葉が何を指しているのかは、実はなかなか難解な問いなのである。

卑見では、アオは大昔の葬地を意味しているから、青島は「葬送の島」のことになる。この指摘がいくらかでも説得力をもつためには、類例を少なくとも一〇は挙げねばなるまい。わたしは、その試みもしているが、青木の場合と同じように、前記の二拙著にゆずるしかない。

本書で、わたしが取上げたいのは、やはり葬地のことを指す「イヤ」という言葉の方である。アオの話は、いわばそのための前置きであった。

3 「イヤダニへ参る」

アオの語と葬地とのかかわりに目を向けた研究者は、いまのところほとんどいない。問題にした人が皆無に近いのだから、通説になっていないのはもちろん、仮説としてさえ、ほぼ認められていない状態だといえる。

これに対して、イヤの方は、「どうやら昔の葬地のことらしい」との考えは、一定の支持を得ているようである。それをもっとも端的に示している文章として、吉川弘文館『日本民俗大辞典』の「いやだにまいり　弥谷参り」の項が挙げられる。やや長くなるが、次にその全文を引用させていただく。

筆者は小嶋博巳氏である。


〈香川県西部に行われる、死者の霊を弥谷山《いやだにやま》に送って行く習俗。弥谷山は香川県三豊《みとよ》郡三野町と仲多度郡多度津町にまたがる標高三八二メートルの山で、三〇〇メートル付近に四国八十八ヵ所の第七十一番札所、剣五山弥谷寺（真言宗）がある。この山は香川県西部、ことに三豊郡・仲多度郡・丸亀市およびそれに属する島嶼部一帯で死者の行く山と考えられており、葬送儀礼の一環として弥谷参りが行われた。特に近年まで盛んだったのは荘内半島（三豊郡詫間《たくま》町）である。同地の例では、葬式の翌日か死後三日目または七日目に、血縁の濃い者が偶数でまずサンマイ（埋め墓）へ行き、「弥谷へ参るぞ」と声をかけて一人が死者を背負う格好をして、数キロから十数キロを歩いて弥谷寺へ参る。境内の水場で戒名を書いた経木に水をかけて供養し、遺髪と野位牌をお墓谷の洞穴へ、着物を寺に納めて、最後は山門下の茶店で会食してあとを振り向かずに帰る。この間に喪家でヒッコロガシと呼ぶ竹製四つ足の棚を墓前につくり、弥谷参りから帰って来た者が鎌を逆手にもってこれを倒すという詫間町生里《なまり》などの集落もある。山中を死者の行く他界と考え、登山し死者供養を行う例は各地にあるが、死亡後まもない時期に死霊を山まで送る儀礼を実修するところに、この習俗の特色がある。近年は弥谷寺で拝んでもらい、再び死者を負うてサンマイに連れ帰るとするところも多く、弥谷寺ではなく近くの菩提寺ですます習俗も広まっている。なお、イヤダニやイヤを冠した地名（イヤガタニ、イヤノタニ、イヤンダニ、イヤガタキ、イヤヤマなど）は古い葬地と考えられ、弥谷山にもその痕跡がみられる〉

死者を背負う格好をして「弥谷へ参るぞ」と声をかけることは、かつては実際に弥谷へ遺体を葬っていたことを暗示しているのだと思われる。洞穴へ納める遺髪は、遺体の代わりに違いない。古い時代、洞窟を葬所にしていた例は豊富に確認できる。

なお、仲松弥秀氏は『角川日本地名大辞典』所収「沖縄県」の「奥《お》武《う》島〈名護市〉」の項で、

〈「オウに行く」とは死を意味し、普段この島（名護市の奥武島のこと＝引用者）を話題にすることは禁忌であった〉

と述べている。同氏はオウはアオの訛りだとしており、沖縄の「アオに行く」と香川県の「イヤダ

ニに参る」とは、ほぼ同義であったことがわかる。

わたしが、たまたま気づいた範囲でのことだが、本間雅彦氏の『縄文の地名を探る』（二〇〇〇年、高志書院）の一四二ページにも、イヤと葬地との関連が、かなりはっきりと記されている。

〈（新潟県佐渡島の）「いやヶ沢」とは、嫌われる地のことで、畑の連作を「嫌地《いやち》」の語で表わすのと同じたぐいです。佐渡方言では、「いやヶ沢」は「ヤンソウ」の訛言として、村によっては今日でも古い墓地の名で通用しています〉

佐渡島では、イヤガサワがヤンソウと訛って、いまなお「古い墓地」を指しているというのであろう。これは生きた言葉であるだけに、かつてイヤの語に「葬地」の意味があったことを裏づける有力な証拠の一つだといってよいことになる。本間氏は、もっぱら同島でフィールド取材をつづけた民俗研究者であった。

香川県西部の弥谷寺（四国八十八ヵ所の第七十一番札所）の磨崖仏（阿弥陀三尊）。このすぐ右手に「水場」がある。

もう一つ、柳田國男の『故郷七十年』（初出は一九五七年から翌年にかけて『神戸新聞』に連載）にも、イヤについての記述が見える。

〈イヤという地名を全国的に調べてゆくと、先祖の霊のある所をイヤ山イヤ谷と呼ぶ事例が多いのであって、亡霊を山に埋葬した風習、そして後には霊を祭る場所は別に人家の近くに置くという両墓制度の習慣にもかかわって来るのである〉

話がやや本題からそれるが、両墓制とは遺体または遺骨を埋める場所と、墓石の建立地を別にする葬制のことである。前者を「埋め墓」、後者を「詣《まい》り墓」と称することが多い。この葬制は、とくに近畿地方に濃密に分布し、九州と東北地方にはほとんど見られず、そのあいだの中国、四国と中部、関東では一部で行われていただけである。

4 福島県会津坂下《ばんげ》町伊谷《いや》ノ沢と鍛冶山古墳群

「イヤ」の付く地名（イヤ、イヤダニ、イヤヤマ、イヤガサワなど）は、「アオ」の付く地名（アオキ、アオシマ、アオヤマ、アオヤギ、アオノなど）にくらべて格段に数が少ないようである。

その原因ははっきりしないが、一つにはアオ地名は、しばしば大字以上のやや広い範囲を指すまでに成長しているのに、イヤの場合は小字か、それ以下の地名単位にとどまっているため気づきにくく、実際より少なく感じるということがあるのかもしれない。この辺のことは、のちに佐渡島を例にとって、もう一度、取上げることにしたい。

アオ地名については、わたしは主に考古学上の葬地遺跡、墳墓遺跡と重なっている場合を、できるだけたくさん挙げて、アオの語と葬送とのかかわりを示す方法をとってきた。ところが、イヤでは地名じたいをなかなか把握できないので、このやり方が使えない。

そんな中で、わずか二つながら、気になる重複が見つかったので紹介しておきたい。一つ目は、福島県河沼郡会津坂下町になる。ただし、ここではたまたまアオ地名と古墳とがみごとにつながっている場所があるので、まずその話をしておく方がよいと思う。

・会津坂下町青津《あおづ》

には、宮城県名取市植松の雷神山古墳に次いで東北地方では二番目に大きい全長一二七メートルの前方後円墳、亀ヶ森古墳があり、すぐそばに鎮守森古墳（五五メートル、前方後円墳）がある。さらに青津の地内には、五基の古墳が確認されている男壇《おだん》古墳群が存在する。この大字青津の東側には、大字青木が接している。

福島県会津坂下町の伊谷ノ沢をせきとめた溜め池。この向こうに鍛冶山古墳群、手前に現在の共同墓地がある。

卑見によれば、青津の「津」は、目の前を流れる会津盆地きっての大河、阿賀川（新潟県に入れば阿賀野川に名が変わる）にあった川港を指し、青はもちろん巨大前方後円墳を含む古墳群のことになる。隣の青木も同古墳群による地名であろう。

亀ヶ森古墳の西方二・五キロほど、

・会津坂下町宇内《うない》の雷神山（三〇〇メートル）

の山頂には、宇内雷神山古墳（もちろん、名取市の雷神山古墳とは別。原状が失われていて詳細不明）がある。

ここからは鉄製の直刀が出土し、またその後円部とおぼしきところには中世の経塚《きょうづか》（経典を納めた塚。実際には、葬送との関係が深い）があったことが知られている。昔から特別の場所と考えられていたらしい。

雷神山からは、伊谷ノ沢という細流が東へ向かって流れ下っており、宇内集落の手前、山頂から一キロくらいに集落の共同墓地がある。そうして、興味ぶかいことに、昭和五十一年（一九七六）、墓地の背後で土取り作業中、偶然に古墳が発見されたのである。のちの発掘調査で、そこには前方後円墳一、円墳一三からなる古墳群が形成されていたことがわかったのだった。ここは、所在地の小字名から鍛冶山《かじやま》古墳群と名づけられた。すぐそばの小字を「墓ノ前」というが、これは現在の共同墓地ができて以後の地名である可能性が高いのではないか。

とにかく、集落との比高差一一五メートルばかりの雷神山の頂に古墳時代の墳墓（複数あったらしい）と、中世の経塚とがあり、そこから流れ落ちる伊谷ノ沢なる細流の沢口にも古墳群が築かれていた。さらに、そのそばには、いつから使われていたのか不明だが、いまにつづく集落の共同墓地が営まれている。

となると、この一帯が、古代以来の葬送の地であったことは疑いあるまい。しかも、それにぴったり重なる一本の小流れをイヤノサワと呼んでいるのである。

二つ目は、

・島根県出雲市斐川《ひかわ》町神庭《かんば》字宇屋谷《うやだに》

になる。ウヤはイヤと音がごく近いうえ、「礼儀、うやまうこと」はウヤともイヤともいう。ウヤダニはイヤダニと同じだとみなしてかまうまい。

宇屋谷の権現山（一三二メートル）の西麓には、延喜式内社の神代（カムシロまた訛ってコウジロとも）神社がある。祭神は宇夜都弁命《うやつべのみこと》である。山頂の近くには、いま「石神」と通称している、目立つほどの巨岩群があり、これが神代神社の元宮であろう。

神社から八〇〇メートルほど西南西の、

・斐川町神庭字荒神谷《こうじんだに》

では、昭和五十九年（一九八四）から翌年にかけて、三五八本の銅剣と一六本の銅矛《どうほこ》、六個の銅鐸《どうたく》が一括して出土している。有名な神庭荒神谷遺跡である。

といっても、二つの聖域はやや離れすぎていて、関連づけるのは無理ではないかと思われるかもしれないが、必ずしもそうではない。

八世紀に成立した『出雲国風土記』の「出雲郡健部《たけるべ》の郷」の項によると、いまの神庭の一帯は「宇《う》夜《や》の里」と称されていた。現在より広い範囲を指していたことになる。ちなみに、現行の住居表示では健部は武部《たけべ》といい、大字三絡《みつがね》に属している。

つまり、いろいろと歴史的変遷をへているが、ここらあたりでカンバ（神庭）、ウヤダニ（宇夜または宇屋谷）の地名と、石神信仰の場および、けたはずれの数の銅剣が埋納された聖域とが重なり合っているといえる。

これに対しても、それは聖地なのだから、イヤと葬地とを結びつける裏づけにならないのではないかとの疑問が出されて不思議ではない。しかし、葬送の場というのは、先祖が「あの世」すなわち死後の世界に向かって旅立っていったところである。そうすることによって、先祖は神になるので、葬地はのちには聖地に転化しやすい。そんな例は、ほとんど無数にある。

そうだとすれば、斐川町のウヤダニも、かつては葬送とかかわる土地であったと推測することができると思う。

5　長野県木曽町伊谷《いや》の水無《すいむ》神社と神輿《みこし》まくり

例えば一〇〇〇年前まで葬地であったために、イヤの地名が付いていたとする。だが、それを今日に残された習俗や宗教行事、墓地のありようなどからうかがおうとしても、なかなか簡単にはいかない。葬制も、ゆるやかにではあっても、やはり時代とともに大きく変化してきたからである。

・長野県木曽郡木曽町福島字伊谷の水無神社に伝わる奇祭「神輿まくり」は、あるいは右のつながりを示す痕跡の一つだといえるかもしれない。

水無神社の創立年代がいつかは不明ながら、至徳二年（一三八五）の棟札が現存しているので、少なくとも七〇〇年ばかりはたっていることになる。伊谷は、この近隣でもっとも早く開けたところで、縄文時代前期や中期の遺跡が数ヵ所ある。それを考えると、この神社が何と呼ばれていたかは別にして、信仰対象になって二〇〇〇年や三〇〇〇年が過ぎていたとしても驚くことではない。

七月二十二、二十三日の例大祭に行われる神輿まくりは、奇祭として知られている。マクリはメクリと同じ言葉で、「ひっくり返す」「転がす」の意である。

この祭りでは、毎年、神輿を新調し、枠持《わくも》ちと呼ばれる男たち三〇人がかついで、二日目の昼までは町中を練り歩く。これは、ほかの神社の祭礼と違わないが、二日目の午後には枠持ちが神輿を路上に転がしたり、ひっくり返したり、落としたりを繰り返して、最後には破壊しつくしてしまう。だから、祭りのたびごとに新しく作らなければならないのである。神輿は重さおよそ三七〇キロの頑丈な作りで、ちゃちなものではない。

神輿すなわち神の乗り物を壊すというのは、一種の「神殺し」であろう。神殺しは、世界的規模でみられる古代の宗教観念で、古くなった神は霊力、威力が衰えるので、これを「殺して」新しい神を迎えなければならない（これが「よみがえり」の原義）との信仰によっている。伊勢神宮や出雲大社の式年遷宮は、いまでは前者で二〇年ごと、後者で六〇年ごとと長くなっているが、元来はおそらく毎年おこなっていた「よみがえり」の神事であったと思われる。

神祭りと葬送儀礼とは、実は紙一重の差にすぎない。それは前述の先祖があの世へ旅立っていったところ（葬地）が、のちには神を祀る場（聖地）に転化する現象と軌を一にしている。

神輿まくりは、一面では神事の形になっているが、半面で葬送儀礼の影をかなり残しているようである。この祭りの主役は枠持ちたちではない。神輿には終始、「ソウスケ（宗助）」「コウスケ（幸助）」と呼ぶ二人の男性が前後に分かれて付きしたがっている。そうして、祭りのあいだ中、枠持ちも、まわりの氏子たちも「ソースケ」「コースケ」と連呼しつづけるのである。

このソウスケ、コウスケ（ともに何を意味しているかは不明である）からは、葬儀の折りの「二人使い」を想起せずにいられない。二人使いについては、柳田國男『葬送習俗語彙』（一九三七年、民間伝承の会。のちに改題して河出文庫）に次のように見えている。

〈喪《も》に入つての最初の事務の一つは、一定の親戚へ知らせの飛脚を立てることで、多く組合近隣の者が是《これ》に任ずる。此《この》訃報に赴く者が二人であることは、不思議と全国に共通して居る。何故に必ず二人行くかの理由は、まだ名称の方からは之を窺《うかが》ふことが出来ない。（以下、略）〉

このあとに、各地の二人使いの例が多数ならべられている。それによると、葬儀では訃報の連絡のほかにも、二人づれを決まりとすることはいろいろあったという。

水無神社の祭礼におけるソウスケ、コウスケの役が二人使いに似ているからといって、これに葬送儀礼の名残りを見ようとするのは、こじつけではないかと思われる方もいるだろう。しかし、次節で紹介する同じ長野県の祭礼とくらべることで、その意味がより明らかになるのではないかと思う。

ただ、その前に言っておきたいのは、伊谷の目の前を流れて、一・五キロほど西で木曽川に合する八沢《やさわ》川のことである。川は、のちの付加で、本来の名は単にヤサワであったろう。これは、イヤサワの語頭が脱落した可能性が高いのではないか。つまり、卑見では、福島県会津坂下町のイヤノサワ（伊谷ノ沢）と同趣旨の名になる。

6　長野県伊那市天伯《てんぱく》神社の「さんよりこより」

木曽町は名前のとおり、いわゆる木曽谷に位置しているが、伊那市は、そこから木曽山脈を東へ越えた伊那谷に開けている。

伊那市美篶《みすず》は、伊那谷を南北に貫流する天竜川の支流、三峰《みぶ》川沿いの地区である。美篶字下川手の天伯神社と、対岸の同市富県《とみがた》字桜井の天白《てんぱく》神社には、「さんよりこより」という妙な名の祭礼が伝わっている。

サンヨリコヨリは「さあ寄って来いよ」の意とされることが多いが、双方の音には差がありすぎる。わたしは、何のことか不明とする説の方が当たっているように思う。

この祭礼は、いまは七夕まつりとされており、八月七日（以前は旧暦の七月七日）に行われる。まず、下川手天伯神社の境内の一角に鬼に扮した大人二人が向かい合って座り、太鼓を打ちはじめる。そこへ村の子供たちが集まってきて、口々に「さんより、こより」と唱えながら、鬼のまわりをぐるぐると歩く。三周したところで、子供たちは、それぞれが手に持っていた飾り竹（短冊が付いた笹）で鬼をはげしく叩いて、ついには境内から追い出してしまう。

これを三回くり返したあと、氏子の大人たちが神輿をかついで三峰川を渡り、こんどは桜井天白神社で同じことをする。

鬼二頭も二人使いの変形と考えることができるが、もっと葬礼とのかかわりが深いのは三周の方である。この習俗は「左まわりに三周」とされていることが多い。サンヨリコヨリでは、「左まわり（時計の針とは逆のまわり方）」が忘れられているらしく、祭りの記録ビデオによると、左にまわったり、右にまわったりしているように見える。

　左まわりの葬送習俗は、おそらく二人使いほどには研究者にも気づかれていないようで、『葬送習俗語彙』にも立項されていない。しかし、注意していると何気なしに、これに言及した記述は折りおりはある。それを詳しく取上げることは本題からはずれすぎるので、ここでは、わたしが聞取りで知った例を一つ挙げておくだけにしたい。

京都府伊根町の伊根湾沿いに並ぶ舟屋

　京都府の最北部、丹後半島東岸に位置する「舟屋《ふなや》」（海に臨む二階建ての一階部分を駐船場にした造りの家）で有名な漁村、伊根《いね》（与謝郡伊根町）では、現在でも出棺の際には家の前で、参列者全員が棺といっしょに左まわりに三回まわって、それから野辺の送りへ出ていくことになっている。なぜ、そんなことをするのか、もはやだれにも不明である。

　なお、伊根では昭和十七年（一九四二）まで、二艘の漁船を横並びにロープで結びつけて、そのあいだに棺を置き、伊根湾に浮かぶ無人の小島、「青島」へ運んで浜辺で火葬したあと、そこの近くの墓地に骨壺を納めていた。漁船には一艘でも棺は乗せられるのに、わざわざ二艘をつないでいたのである。これは、二人使いの遺習に相違あるまい。

　話を伊那谷にもどすと、下川手から一キロばかり下流（西方）に青島（美篶字青島）という地名がある。その名から考えて、もとは三峰川の氾濫原に浮かぶ島であったろう。このアオも葬地を指す可能性が高く、そうだとするなら島は水葬の場であったと思われる。

水葬は古い時代には、日本でも広く行われていた証拠がある。これについても、いまは触れる余裕がないので、もし興味をおもちの方がいれば、拙著『村の奇譚　里の遺風』（二〇一八年、河出書房新社）の「墓だらけの村、墓のない村」の章をご覧いただけたらと思う。

とにかく、三峰川の青島で行われていた葬送儀礼が、はげしく形を変えながら痕跡のようになって残ったのが「さんよりこより」ではないか。

サンヨリ、コヨリの掛け声は、木曽町水無神社のソースケ、コースケに似ているとまではいえない。ただ、両方とも前段はｓ音、後段はｋ音で始まっている。それに、両方の掛け声とも、ビデオで聞いていても何と言っているのか、ほとんど判別がつかない。

二つは元来は、もっと違った文句で、時代をへているうちに意味も発音も、だんだんに忘却されてしまい、とくにソースケ、コースケの方は人の名前として耳になじんだ言葉に置き換えられているのではないか。囃子《はやし》ことばや唱えことばが、本来とは全く違ってしまうことは決して珍しくはない。つまり、両方の掛け声とも、もとは葬礼の折りの唱えことばで、同じか似ていたのかもしれない。

なお、八沢川の沢口から木曽川を一キロほどさかのぼった右岸（北岸）に青木（木曽町福島青木町）の地名があり、下川手の北方には六道原《ろくどうばら》（美篶字六道原）の地名がある。六道は仏教に由来する語で「六つの迷界」を指すが、これが地名になると、葬地、墓地を意味することが多い。

7　佐渡島のイヤノサワ、イヤガサワ

すでに記したように、『角川日本地名大辞典』は、四七都道府県ごとに一巻ずつ（北海道と京都府だけは上下二巻）の構成になっており、その末尾に「小字一覧」というのが付いている。しかし、七道府県では、これが全くそなわっておらず、新潟県は、その一つに入る。ほかに実用には堪えられないほど簡略な都県も、いくつかある。

ところが、もっぱら佐渡島をフィールドにして民俗研究をつづけていた本間雅彦氏は、少なくとも同島については詳細な小字資料に目を通していたらしく、前述の『縄文の地名を探る』には、そこからえらんだ小地名が数多く紹介されている。地元で長く生活していると、そのような資料に接する機会があるのだろう。

同書には「佐渡の集落名別『沢』『谷』地名」と題した表が載せられていて、そこには一六〇余りの「集落名」と、各集落からひろい出した、合わせてざっと一〇〇〇ばかりの小地名が見える。右の「集落名」は、大半が現行の大字と一致することから考えて、もとの大字すなわち幕末（明治初期といっても同じことになる）の村の名を指していると思われる。表は、そこに含まれる沢と谷が付く小字を抜き出したものだが、ほとんどが沢地名で、谷地名は全体の数パーセントに満たない。

表によると、イヤを冠した小字が次の七つの大字に合わせて九つある。

・青木　伊谷沢、いやヶ沢
・大石　イヤガ沢
・河崎　イヤン沢、イヤガ沢
・北川内《きたかわうち》　いやの沢
・旧・高千《たかち》　イヤカ沢
・小比叡《こびえ》　イヤガ沢

・平清水《ひらしみず》　イヤノ沢

青木と河崎の二ヵ所は実際には、おそらく一ヵ所だろうと思う。佐渡にかぎらず、小字地名では音が同じで、表記が違っている例が一つの大字に現れることは決して珍しくない。これは何らかの理由で、二筆に分割する必要が生じたため、とりあえず表記を別にしたのではないか。

それはともかくとして、卑見によれば葬地を意味するとしているアオとイヤとが、大字青木（現行の住居表示上は佐渡市新穂《にいぼ》青木）で重なっていることは注意をひかれる。

表に出てくる一六〇余りの大字の中で、アオの付く地名は、ほかに青野一つしかない。ここにはイヤの沢名はないが、

・青野　墓の東沢

と、墓地があるか、あったことを示す小字が見える。しかも、「墓」の語を含む沢地名は、これ以外には一ヵ所もない。例数が少なすぎるということはあるが、アオ、イヤが葬地、墓地とかかわる言葉であることを裏づける状況証拠にはなる。

さらに、

・平清水　イヤノ沢、市子《いちこ》沢

と、平清水には、実はイチ地名もある。イチがシャーマンとほぼ同義の宗教者を指すことは、第五章で詳しく述べたとおりである。

本間雅彦氏は、イチコサワなる地名について、前掲書の一四二ページ以下で次のように述べている。

〈じつは私の所有する山林が真野町竹田（現佐渡市竹田＝引用者）にあって、その東端が「いちこ沢」（現竹田字いちこ沢＝引用者）に接しているのです。そこは雨が降ると川になるため岩石道に

なっていて、徒歩でしか通れませんが、かなり立派な観音堂があり、岩窟には石の三面馬頭像がおさめてあります。
人通りの少ない山中なのに、祭日には幟《のぼり》が二本立って信仰の深さを伝えています。隣の町にある私の家から二キロ近く離れているのですが、私が戦地にあったとき信仰深い祖母は、真夜中にこの馬頭観音に素足で子《ね》の刻詣《こくまい》りをしたそうです〉
平清水の市子沢と竹田のいちこ沢とは別だが、イチコサワが宗教的に特別の場所であったことがわかる。古い時代には、そこにイチ（イチコ）が実際に住んでいたのであろう。
平清水の場合、同じ一つの集落にイヤノ沢と市子沢の小地名があることになる。これは、そのあたりが普通とは違うと考えられていたことを示しているのではないか。

第一〇章　「賽《さい》の河原」とは、どんなところか

1　全国に、おそらく数百ヵ所はある

「サイノカワラ」と呼ばれるところが、あちこちにあることに気づいている人は少なくあるまい。文字では「賽の河原」「賽ノ河原」と書くことが、もっとも多いようである。サイに「西《さい》」の漢字を当てたり、片仮名を用いている場合も見られる。また、カワラを「磧《かわら》」と表記する例もある。

その語義については、『広辞苑』が簡にして要を得ているので、そのまま引用させていただく。

〈①小児が死んでから赴き、苦をうけるところ。冥途《めいど》の三途《さんず》の河原で、小児の亡者《もうじゃ》が石を拾って父母供養のため塔を造ろうとすると鬼が来てこわす、これを地蔵菩薩が救うという。西院（斎院）の河原。②転じて、いくら積み重ねても無駄な努力〉

一方、前記の柳田國男『葬送習俗語彙』では、次のように説明されている。

〈賽の川原と呼ばれる地は現在極めて多い。そして多く小児の死に関連した石積みの話を伝へて居るやうだ。之《これ》は多分、仏教からかの影響であつて、その一つ以前の形があつた筈《はず》である。私は其所《そこ》

は、小児だけには限らぬ一つの葬送地であつたらしいといふ想像を抱いて居る。其他人里近い山中にアシダニ、オソバ等の地名を伝へて居る所も、前代の葬送地かと思はれるといふことは、「山村語彙」に述べておいた〉

柳田は「極めて多い」と記しているが、いったい何ヵ所くらいあるのだろうか。

サイノカワラの数を調べようとするとき、もっとも有力な方法は、ときどきインターネットに書き込まれている「賽の河原のリスト」の類を集計してみることかもしれない。しかし、これをやってみても、いまの段階では一〇〇ヵ所を超す数を把握することは困難ではないか。

わたしは、実際のサイノカワラは、これよりはずっと多いと思っている。いちいち具体的な場所を知ってのことではないが、おそらく数百ヵ所か、それ以上になるのではないか。とにかく、一〇〇やそこらではきかないことは間違いない。

そう考える理由は、のちに例を示すように、ごく狭い範囲でのみ、この名で呼んで特別視している場所が各地に珍しくないらしいからである。この種の「小さな聖地」は、外部の者には気づきにくく、したがってインターネットなどにも登場することは、あまりないことになる。

あいまいで抽象的な表現をきらっていた柳田國男が、「極めて多い」とだけ述べて、何らの概数も挙げなかったのは、各地を歩いているうち、意外なところで、

「ここはサイノカワラといいまして」

といったような話を耳にした経験が何度かはあったためかもしれない。

文献や記録には、そんなことは載っていないのに、現地でこういう指摘に接すれば、深く記憶に残るとともに、

「こんな調子じゃ、全国でいくつくらいあるのか知れたものではない」
との気持ちにもなったはずである。

2　よく知られたサイノカワラと、その特徴

•青森県むつ市田名部《たなぶ》字宇曽利《うそり》山の賽ノ河原（文字は通常の表記による。以下、同じ）

は、有名な信仰の場であるとともに、人気の観光地でもある恐山の一角に位置している。その名のオソレは、小字のウソリに漢字の「恐」を当てたものである。ウソリはアイヌ語のウショロに由来し、「窪地」を指すとの説が当たっているのではないか。

そこは宇曽利山湖に臨んだ、ごつごつした白っぽい火山礫の原で、見るからに地獄を思わせる風景が広がっている。近くには三途の川があり、重罪地獄、塩屋地獄それに極楽浜などがある。仏教が伝える説話によって、そのような地名が付けられたのであろう。

火山（とくに活火山）の山腹には、しばしばここと似た荒涼とした景色が見られ、そこがサイノカワラと呼ばれている例は少なくない。次に、その類型に属するサイノカワラをいくつか挙げてみる。

•宮城県刈田《かった》郡蔵王《ざおう》町遠刈田《とおがった》温泉字倉石岳国有地内の賽ノ磧

気になる方もいるかもしれないので、ひとことしておくが、右の「倉石岳国有地内」は、これで小字の名である。近代になって、役所がつくった字名に違いない。

ここのサイノカワラは、蔵王火山群の山腹を占める標高一三〇〇メートル前後の火山岩と火山礫との原で、大きな樹木はほとんどない。近くに三途の川もある。

•栃木県那須郡那須町湯本の賽の河原

那須火山帯の南端、那須岳（一九一五メートル）の南東麓に位置する。そこの白っぽい巨岩を敷き

栃木県那須町の賽の河原（中央）。写真ではわかりにくいが、正面奥の白っぽい斜面の左下に見えるのが殺生石である。

詰めたような斜面がサイノカワラになる。その上端に、「生き物を殺す石」と言い伝えられてきた「殺生石」があり、向かって左手に多数の地蔵の石像が並ぶ「千体地蔵」がある。典型的な火山帯のサイノカワラといえるだろう。

・群馬県吾妻《あがつま》郡草津町草津の西《さい》の河原

「西の河原」はニシノカワラと読まれやすいので、いまでは「賽の河原」とも表記されている。西北西にそびえる活火山、草津白根山（二一六〇メートル）の山麓になる。温かい水が流れる小渓流の周辺に巨岩が転がっている。

・宮崎県えびの市末永の賽の河原

著名な観光地えびの高原の一角に位置する硫黄山（一三一七メートル）の西麓にあり、「硫黄地獄」とも呼ばれる。ここは、古くからの信仰をともなうサイノカワラではなかったのかもしれない。

右に例示したように、火山の山腹や山麓に広がる火山岩、火山礫の荒原をサイノカワラと称しているところは少なからずある。つまり、そこは河原ではない。実はサイノカワラが川沿いに存在することは、そんなに多くはない。このことは、「カワラ」の語源が別にあるらしいことをうかがわせる。だが、これについては、のちに取上げることにして、いまは火山にかかわる場合と並んでよく見られる海べりのサイノカワラをいくつか紹介しておきたい。

・北海道奥尻郡奥尻町稲穂の賽の河原

北海道の南部、渡島《おしま》半島の西方沖に浮かぶ奥尻島の北端にある。ひとかかえほどの丸っぽい石が、海岸一帯を埋めつくしている。これが「地獄」を連想させたのであろう。

北海道は明治の初めまで、基本的にはアイヌ人の大地であった。地名も、それまでに進出していた和人が付けたごく少数を除いて、原則としてアイヌ語で付けられていた。そこに見られるサイノカワラの名が、そう古くできたものでないことは改めて記すまでもあるまい。北海道には、ほかにもサイノカワラが二、三は存在するようである。

・山形県酒田市飛《とび》島の賽ノ磧

酒田市沖の日本海に浮かぶ小島、飛島の南西端の海岸にある。海べりの崖の下に、丸石の浜が広がっており、そのありさまは奥尻島の賽の河原にやや似ている。

・新潟県佐渡市鷲崎の賽の河原

島の北端に近い。一帯には奇岩が多いが、ここらあたりはそう広くない丸石の浜になっている。そばの海蝕洞窟には多数の石地蔵が並べられている。

・福島県いわき市薄磯《うすいそ》字北ノ作の賽の河原

沼ノ内漁港の南隣に、高さ二〇メートル前後の垂直の崖が海へ突き出しており、これを弁天岬という。その下部に南北に通じる海蝕洞窟が開いていて、浜には大小の石がごろごろしているが、これが

福島県いわき市の賽の河原。洞窟の手前の大石がごろごろ転がっているところである。

サイノカワラである。

横に数十体の地蔵の石像が並んでいたが、平成二十三年（二〇一一）三月十一日の東日本大震災の津波で流されたため、回収できた像に新地蔵を合わせて、いまは崖の上に新旧の石地蔵三〇〇体ばかりが祀られている。

ここや佐渡の例からもわかるように、サイノカワラは洞窟との関連も深い。次節で、もう少し違う視点もまじえて、その辺を取上げることにしたい。

3　サイノカワラと洞窟

・島根県松江市島根町加賀《かか》の賽の河原

山陰海岸の加賀には、「潜戸《くけど》」と称する海蝕洞窟が二つある。そのままでは区別がつかないので、新と旧を冠して呼んでいる。両方の潜戸とも、舟でないと行けない。

新潜戸は、日本海に突き出した小さな岬、潜戸鼻の先端に位置し、三方に口が開いた大海蝕洞窟である。現在、加賀の集落に社殿を構える式内社、加賀神社の元宮は、ここだとされている。

旧潜戸は、この岬を南へまわり込んだ加賀浦側にある。こちらもかなり大きな洞窟で、奥行きが五〇メートルほどあり、その奥の方には石の塔や石積みの小山が並んでいる。

ここのサイノカワラは、山陰地方の人びとにはよく知られているばかりでなく、いまなお信仰の対象になっているという点で特異だといってよいだろう。

平成二十一年（二〇〇九）四月下旬、わたしが加賀漁港で会った地元の中年の女性は次のようなことを話してくれた。

「たしか昭和五十年（一九七五）ごろのことでしたけどね、加賀の小学五年の子供が、このあたりで自転車に乗って遊んでいるうち、海にはまって死んでしまったんですよ。たまたま、だれも見ていなかったんですね。お葬式のあと、家族は潜戸の賽の河原へランドセルを持っていって納めました。

この辺では、子供を亡くした家の者は昔から、そうすることになっていたんです。当時は、だいたいは子供が使っていたランドセルでしたけどね、大きすぎて処置に困りますからね、いまではもっと小さな遺品を置くようにしています。

ええ、加賀だけじゃなくて、ずっと遠くからも来ますよ。県外からも来るんじゃありませんか」

島根県島根町加賀の旧潜戸（正面中央）。入り口は大きくないが、中は広くて奥も深い。

加賀周辺に残っている葬送習俗では、ここのサイノカワラは、もっぱら幼い子供の死を供養する場所になっている。しかし、同じ島根県でも、

・松江市美保関町雲津《くもづ》のサイノカワラ（どんな字を書くということもない）

には、柳田國男のいう「その一つ以前の形」をうかがわせ

る、ある葬送儀礼が今日にまで伝わっている。ただし、それはきわめてかぎられた人びとのあいだでだけ行われていることであって、ここのサイノカワラの名を知る者は松江の市街にさえほとんどいないのではないか。

島根半島の先端に近い南岸には、いつのころ成立したのかわからないほどの古社、美保神社（むろん式内社）がある。雲津は、ここから北西へ二キロ余り、「美保の北浦」と通称される半島北岸の海村《かいそん》であり、深く切れ込んだ入り江の奥に位置している。

わたしが、その村はずれに住む舛岡安登《ますおかやすのり》さん（一九二八年生まれ）に会ったのは、島根町加賀を訪ねる前日のことであった。わたしは、ここの地先の青島と小青島が、どんなところか知りたいと思っていた。二つの青島については、とくに変わったことは聞けなかったが、その代わりにというか、舛岡さんは別の興味ぶかい話をしてくれたのだった。

かつては北前船の船宿だった舛岡家から歩いて二、三分の切り立った崖の中腹に、「蜘戸《くもど》の岩屋」と呼ばれる岩陰がある。それは底面で浜より一〇メートルくらい高く、前面は高速道路のトンネルほどの大きさで、奥に向かって人がやっと入れる程度の穴が開いている。舛岡さんが子供のころには深さが一〇メートル以上あったというが、わたしが訪れたときには落石で奥がふさがり、一メートル余りの奥行きしかなくなっていた。

舛岡さんに案内されて岩陰に登ってみると、その壁に数十枚の布製のお札が貼り付けてあった。どれも長さ一五センチ、幅三センチばかりで、そこに墨で「南無阿弥陀仏」と書かれていた。

「これを貼ったのは、雲津の者じゃありません。関《せき》（美保神社周辺のこと）の人たちです。それも、西小路、中浦小路、美保小路などの住民にかぎられていますねえ。あそこらで死者が出た家の人びとや親族らが葬式のあと、ここへ車でやってきて足の達者な何人かが、この洞窟へ登って札を貼るんですよ」

舛岡さんは、そう話してから、下のごつごつした岩だらけの海岸を指さして付け加えた。

「あの浜を、ここらあたりではサイノカワラといってますがね、洞窟へ登った人たち以外の関係者は、あそこで石を積むんですよ。ええ、死者が大人の場合でも同じです。というより、子供はめったに死にませんからね、ほとんどは大人の葬式ですよ。雲津の者は、ここに札を貼ったりはしませんが、昔は盆の十七日にサイノカワラで石を積んでいましたねえ」

岩屋の壁に六字名号《みょうごう》の札を貼るという行為が、古い時代に遺体を納めていた葬送の名残りであることは容易に想像できる。また、その前の岩だらけの浜をサイノカワラと呼んでいるのは、大昔の水葬の名残りではないか。いま、洞窟葬と水葬とが、どのような関係にあったのか明らかにしえないが、ここが大昔の葬送の地であったことだけは間違いないように思われる。

島根県美保関町雲津のサイノカワラと「蜘戸の岩屋」（中央奥）

なお、雲津は八世紀成立の『出雲国風土記』島根郡の項に見える「久毛等《くもと》の浦」に比定されている。つまり、「クモド」「クモヅ」「クモト」は、みな同じだと考えられる。そうだとすれば、「蜘戸の岩屋」は「雲津の岩屋」の意であろう。クモはおそらく「隈《くま》」であり、地名は「奥まった舟泊《ふなどま》り＝津」を指しているのではないか。
洞窟、岩陰を葬所にしていた例は豊富にある。
ここでは、
・島根県出雲市猪目《いのめ》町の猪目洞窟遺跡

一つを取上げるだけにしておきたい。

この洞窟のことも、『出雲国風土記』の出雲郡の項に載っている。同書によれば、そこは次のようなところであった。

〈高さと広さがそれぞれ六尺（約一・八メートル）ほどで、その窟《いわや》の内にさらに穴がある。人は入ることができない。奥がどれくらい深いかわからず、もし夢で窟のあたりへ行けば必ず死ぬ。それで住民は昔から、そこを黄泉《よみ》の坂・黄泉の穴と名づけていた（原文は漢文）〉

岩屋は、『風土記』が述べるよりはずっと大きく、高さ幅とも、その十数倍はあるだろう。六尺は六丈（一丈は一〇尺）の誤記か、編者の誤聞ではないか。とにかく、その規模と奥に穴が開いているところは雲津の岩屋に似ている。

猪目の岩屋からは一三体の埋葬人骨が出土している。縄文時代に生活の場として利用され、そのあと弥生時代から古墳時代には葬所になっていたらしい。一三体の中には、「南海産のゴホウラ貝製の腕輪をはめた弥生時代の人骨」や「舟材を用いた木棺に葬られた古墳時代の人骨」が含まれていた。

八世紀に成立した地誌が、その記憶か伝承によって生まれた俗信を夢うんぬんとして伝えたのだと思われる。猪目の岩屋は、昭和三十二年（一九五七）、国の史跡に指定されている。

4　川べりには意外に少ない

一般に「賽の河原」と書く以上、そう呼ばれるところが川べりに多くあっても不思議ではないはずである。だが、それは案外に少ない。とくに、われわれが普通に「河原」と聞いたとき、まず思い浮かべる大きな川の広々とした石原または草原にサイノカワラが位置していることは、きわめてまれではないか。

川沿いのサイノカワラとしては、例えば、

・広島県庄原市東城《とうじょう》町帝釈未渡《たいしゃくみど》の賽の河原

などが挙げられるだろう。

このサイノカワラは、たしかに帝釈川（高梁《たかはし》川水系成羽《なりわ》川の支流）の河原にあるといえる。しかし、伝説どおりに石が積まれているのは、川に面した河蝕洞窟の中であって、むしろ洞窟のそれに分類した方がよいように思われる。

前章3節で紹介した、

・香川県三豊《みとよ》市三野町大見、弥谷寺《いやだにじ》（四国霊場第七十一番札所）境内の賽の河原

の場合も、わきを名称不明の小渓流が急斜面を流れ下っている。だが、地蔵像や石積みが並んでいる参道の横を「河原」と呼べるのかどうか。少なくとも、そこは通常の河原のイメージからはほど遠い。

前記の、

・群馬県吾妻郡草津町草津の西《さい》の河原（賽の河原）

は、山中の沢沿いの河原には違いないが、その沢を流れているのは温泉である。そこは火山帯のただなかに位置しており、火山にかかわるサイノカワラとする方が適切ではないか。

これらの一方で、文句なしの河原にサイノカワラの名が付いた例もないではない。

・京都市伏見区の桂川と鴨川の合流点付近の「佐比河原《さひのかはら》」

は、その典型である。ただし、ここは現在では、その称を失っている。

このあたりは古くからサヒノカハラといっていた。『日本三代実録』貞観十三年（八七一）閏《うるう》八月

広島県庄原市東城町の賽の河原

香川県三豊市三野町・弥谷寺境内の賽の河原

二十八日付けの記事によると、この日に発せられた太政官符《だいじょうかんぷ》によって、いまの京都市街周辺の五ヵ所を「百姓《ひゃくせい》葬送放牧之地」に定めているが、佐比河原は、その一つであった。そうして、官符は、

〈これらの河原は百姓葬送放牧の地なのに、愚昧《ぐまい》の輩《やから》たちが、その意を知らず、競って入り込み耕作地としている。国司は、ここをよく巡検させて、そのようなことがないように

せよ〈原文は漢文〉〉

と命じている。

当時の佐比河原は、いま二つの川が合するところから四キロばかり上流を指していたらしい。一帯は今日、「石原」の通称で呼ばれ、住居表示上でも吉祥院石原町など石原の名を付けた町名が一六もある。これからもわかるように、ここら辺の河原は石の原であったと考えられる。

ところで、この河原での葬送とは、どんなものだったのだろうか。

『続《しょく》日本後紀』承和九年（八四二）十月十四日条に、東西悲田院の乞食らに料物を給して、平安京の嶋田川と鴨川の河原から「髑髏《どくろ》」合わせて五五〇〇余をひろわせ、「焼斂《しょうれん》」させた旨の記事が見える。また、同月二十三日には鴨川の髑髏を「聚葬《しゅうそう》」させているが、いくつかは書かれていない。嶋田川は、現京都市右京区を流れる御室《おむろ》川の旧称である。

九世紀のころ、平安京をはさむ二つの川に死体をそのまま投げ込んでいたのであろう。これらの川の近くでは年中、はげしい死臭がただよっていたに違いない。焼斂（集めて焼くこと）、聚葬（まとめて葬ること）は、それが目にあまるようになったあげくの措置ではなかったか。その際、髑髏（白骨化した頭部）だけを集めてみても仕方があるまい。おそらく、右の「髑髏」は全身の骨を指していると思われる。

貞観十三年の官符は、ところかまわず遺体を川に投げ込むことを禁止して、一定の場所にかぎることをはかった命令だったのであろう。とにかく、いずれも水葬と称すべきものであった。

そうだとしたら、佐比河原では、石を積むなど簡便な儀式のあと、遺体を古布か蓆《むしろ》に包んで川に流していた可能性が高いことになる。死者はもちろん、子供にはかぎっていなかった。すなわち、ここではサイノカワラの語と葬送の地とが明確に結びついていたのである。死んだ子供と鬼や地蔵の話が生まれるのは、これよりのちのことだった。

5　サエノゴウラ（ゴウロ）が原義である

「サイノカワラ」という言葉が本来、何を意味していたのかは、柳田國男が「葬制の沿革について」（初出は一九二九年）そのほかの論文で明解な解釈を下している。

それによると、サイはサエ（境の義）のことであり、すなわち「死者の去り進む地」であった。カワラは「河原」ではなく、ゴウラを指すとするのが柳田の立場である。ゴウラ（またゴウロとも）は、柳田の言い方にならえば「小石原」のことで、箱根（神奈川県足柄下郡箱根町）の強羅《ごうら》もこれになる。

要するに、柳田はサイノカワラはサエノゴウラの訛りだとしていたのである。すでに紹介した事実から考えて、わたしは、これは卓見だと思う。ただし、ゴウラは小石原というよりは、かなり大きめの石あるいは、ごつごつした岩の原の場合が多いのではないか。

この説の検証も兼ねて、まずサエについて、もう少し詳しい説明を加え、次にゴウラ（ゴウロ）がどんなところかを取上げることにしたい。

サエとは、動詞「さえる」の連用形が名詞化したものであり、サエルは現代語の「さえぎる（遮る）」に当たる。それが、なぜ「境」の語義をもつようになるかについては、ややまわりくどい説明がいる。

古代人は、神の住む領域（あの世）と人間が暮らす場所（この世）とを、はっきりと区別していた。人が生活するムラの周囲は、原則として神が支配する空間であった。

現代人は、神といえば、もっぱら人が祈りをささげ、その庇護に頼るありがたい存在だと考えているだろうが、古代人にとって、神は一方でそのような尊崇の対象であるとともに、他方では人に悪さをし、害をもたらす恐ろしい化け物でもあった。神には、そのような二つの種類があるだけでなく、一つの神が二つの面をもそなえていたのである。

　ムラを一歩出ると、そこには両方のカミが満ちみちていた。その境界がサカイ（境）である。サカイは、もとはサカと同じ意味の言葉であった。ところが、古代人にとって山がもっとも普通のあの世であったため、サト（里）とのあいだの傾斜地をサカと呼びならわしているうち、サカイ（サカであるところの意。境界）とサカ（坂）とは、いつの間にか別語になってしまったのである。

長野県木曽郡木曽町新開字一ノ萱（いちのかや）の道祖神。道祖神は男女が並んだ像になっていることが多い。

　とにかく、サカイの向こうには恐ろしいカミもおびただしくいて、隙あらばムラへの侵入をたくらんでいる。人は何としても、それを遮らなくてはならない。その防衛線がサカイであったから、サエに「境」の語義が生じたのである。

　凶神をサエるには、福神の力を借りなければならなかった。そこに祀る神のことをサエノカミと称していた。サエノカミ（サイノカミ）は今日では、道祖《どうそ》神《じん》と呼ぶ地方が多い。ドーロクジンというところもある。この神は、よく猿田彦と結びつけられているが、これは『古事記』などの説話に由来する付会であって、もともとの信仰によるものではない。

　道祖神信仰には、中国の行路の神信仰がまじって、いまでは道の神、旅の神、男女和合の神としての性格が強くなっている。

　一方、古代人は先祖が死ねば神になると信じていた。彼らは、その遺体をサカイまで運んで神の世界へ送り出した。そこは古くは、実際にムラのはずれに位置していたろう。そこが荒涼として、いかにも異界を連想させる土地であったなら、霊を送るのにふさわしいと感じたはずである。ゴウラ（ゴウロ）すなわち大きな石や、ごつごつした岩が敷き詰められたような場所に、しばしばサイノカワラの名が付いているのは、そのせいだと思われる。

境の葬所＝祭場が地名になった例は珍しくない。

- 岩手県遠野市小友《おとも》町妻《さい》ノ神
- 長野県下伊那郡平谷《ひらや》村の才ノ神（山の名。一一五〇メートル）
- 愛知県豊田市和合町才ノ神
- 岡山県津山市加茂町斎野谷《さいのたに》
- 広島県豊田郡大崎上島町原田の才ノ峠《とうげ》（峠の名。古くはサイノタワといったか）
- 山口県周南市大潮の才祭川《さいまつり》（錦川の支流）
- 大分県中津市本耶馬渓《ほんやばけい》町折元字道祖原《さいのはら》

などは、そのほんの一部である。

6　各地のゴウラ、ゴウロ地名

柳田國男は「箱根山中の温泉で強羅という地名を久しく注意していた」（『地名の研究』の「強羅」の項）が、あるときふいに、その語の由来を知ることになる。

〈昨年五月の末、木曽の奥に入り王滝《おうたき》川の谿《たに》を上ったとき、上島《うわじま》の民居から少し上流の野口という部落を通った。すなわち山谷の入野《いりの》の口である。そのおり対岸の山の傾斜面なる樹林地に、一、二畝歩《せぶ》ばかりの岩の黒々と露出している部分が、一見いかにも顕著であるから、これに名のないことはあるまいと、試みに案内の者にこの辺であんな場所を何と呼ぶのか聞いたら、ゴウロといいますと無造作に答えた〉

右の野口は長野県木曽郡王滝村野口のことだが、そこの「岩の黒々と露出している部分」のあたりにはゴウロの地名は付いていないようである。ただ、その言葉が日常的に使われていたらしいことがわかり、ゴウラ、ゴウロという地名が何によるのかを知るうえで重要な手がかりになったに違いない。柳田は同書に、ゴウラ、ゴウロ、ゴラ、ゴロの付く地名を一八ヵ所ばかり列挙している。そのうちの一つ、

・越前坂井郡本郷村大字大谷字強楽《ごうら》（現福井市大谷町強楽）

を、わたしが訪ねていったのは、令和五年（二〇二三）五月のことであった。

ここらあたりでは、現行の住居表示上、地名の下に機械的に「町」の語を付けており、えらい山中であっても、みな何町を称している。大谷町も、およそ町場といったところではなかった。車がすれ違えないほどの狭い道をはさんで、集落が東西に長く延びていた。まわりは山また山である。

強楽という小字が、そのどこにあるのか突き止めることは通常は簡単ではない。それは第三章などで、すでに記したとおりである。ところが、わたしは思わぬ幸運にめぐまれて最初に会った住民から、その場所を教えてもらうことができたのだった。

わたしが、だれか話が聞けそうな人をさがしながら、いったん集落の端まで行ったあと車を引き返してきたとき、たまたま訪問客を見送るため玄関先に現れたらしい夫婦が目についた。わたしは、その用をすませて中へ入ろうとしていた二人に声をかけた。

夫（七〇代であろう）は当方の問いを耳にして、すぐにうなずき、

「その小字は、聞いたことがある。たしか、強いに楽しいと書きますよね」

と答えたのだった。つづいて、あれこれやり取りしているうちに、

「ちょっと待ってて下さい」

と言って奥へ消えたが、ほどなく書類の束を持ってもどってきた。それは大谷の小字一覧や、小字の位置を示す字図などであった。それらをめくって、ある一枚をわたしに見せてくれた。その所作は手なれていた。どうも仕事か大谷町の役職かで、この種の資料を日常的に扱った経験があるように思えた。

「ここですね、ここが強楽です。この前の道を詰めていった、どん詰まりになります。あそこらの小字は、手前から岩谷《いわたに》、橋《はし》ヶ谷《たに》、強楽となっており、その先は隣り村の小野《この》です。強楽はそれほどでもありませんが、岩谷にはひとかかえくらいの石がゴロゴロしていますよ。ここからだと、そうですねえ、一キロちょっとでしょう」

「橋ヶ谷には橋がありますか」

「いや、あそこには橋はありませんよ。橋をかけるような谷も、ありませんねえ」

「端《はし》ヶ谷の意味かもしれませんね」

「なるほど。あるいは、そうかもしれません」

「強楽まで車で行けますか」

わたしは、その足で小野との境まで行ってみるつもりであった。

「行けますがね、その前に町内会の会長の許可を得てもらえませんか。そうしてもらうことになっているんですよ。近ごろ山菜採りなんかで、勝手に私有地に入り込む人が多いもんですから」

会長の家は、ずっと下にあるという。

わたしは、そうすると言って、男性の過分の親切にあつく礼を述べて「腰田」姓のその家を辞去した。しかし、わたしは会長宅を訪ねることはしなかった。次の予定の時刻が迫っていたうえ、へとへとに疲れていたからである。

岩谷と強楽とは、ともに同じ場所を指して付いた名だったのではないか。つまり、ある時代にはイワタニといい、別の時代にはゴウラと呼んでいた可能性がある。その後、ゴウラの名は少し奥へ移動して、名のもとになった地形から、やや離れてしまったのかもしれない。既述のように、地名の移動は珍しいことではない。

いずれであれ、大谷の強楽が「大きめの石または岩がゴロゴロしているところ」を意味する地名であることは間違いないと思う。
・長野県中野市永江字郷露《ごうろ》
は、国土地理院の地図に載っていて、さがす手間がかからない。わたしが、ここを訪れたのは令和五年九月のことである。

ところが、近くの永江字親川《おやがわ》で、郷露は開拓村であり、すでに全くの無人になっていると教えられたのだった。ここで二人の住民に、

「郷露には、岩か大石がゴロゴロしたようなところはありませんか」

と訊いてみたが、二人とも、

「ないと思う」

と首をかしげるばかりであった。

わたしは自分の目で確かめたくて現地へ向かった。道はひどい悪路で、すでに開拓前の原生林にも

どりつつあった。もとの郷露とおぼしきところに着いても、田畑の一枚も見当たらない。岩場があるかどうかなど、調べようもなかった。わたしは、がっかりしながら来た道を引き返していった。

帰宅して、国土地理院がインターネットに公開している地形図を改めて見なおしていると、郷露の五〇〇メートルほど北東、千曲川水系斑《まだら》川の支流（名称不明）に五つもの砂防ダムの印があるのに気づいた。ごく狭い範囲に、そんな数の堰堤を設けたのは、この小渓流が岩だらけの急流だからではないか。

もし、この想像が当たっているとすれば、もともとはここをゴウロと呼んでいたが、のちにその名が近くの集落名に移ったのだと考えられる。

・山形県鶴岡市大鳥のゴウラ沢

も、地理院地図に出ている。

巨大イワナが棲むといわれる大鳥池の四キロくらい北北西、日本海に注ぐ赤川の小支流で、わたしは行ったことはないが、名前どおりに岩だらけの沢のようである。

・高知県安芸郡東洋町野根字ゴウロ

ここは、わたしの手元にある一九七〇年編集の五万分の一図には載っているのに、どういうわけか現行の地理院地図からは消えている。

集落の北を東西に走る国道493号沿いには、岩の崖の印がつづいており、その南側には長さ一〇〇メートルほどの砂防堰堤ができている。このような地形によって、ゴウロの地名が付けられたのではないか。

・高知県吾川郡仁淀川町二ノ滝字ゴウロケ谷（角川の小字一覧ではコヲロガタニ）

など、高知県にはほかにもゴウラ、ゴウロ地名が、かなりあるらしい。

また、他地域でも、

・神奈川県足柄上郡山北町中川字ゴウラ
・静岡市葵区渡《わたり》 字ゴウロ
・岐阜県高山市国府町宮地字ゴウラ
・愛媛県西条市大保木《おおふき》字郷路《ごうろ》

など、決してまれではないようだが、小地名が多くて把握が難しい。

7 「五郎」と訛っていることが珍しくない

ゴウラ、ゴウロは、おそらくゴロゴロという擬音語からできた言葉であり、もともと当てるべき漢字がなかった。この地名に片仮名表記や、強羅、強楽など、いかにも不自然な文字が目につくのは、そのせいであろう。

一方、この語は、日本人の男子の名によく使われる五郎（元来は五男の意）と音が近い。そのために、いつの間にか耳慣れたゴロウ（五郎）との混同が起きたらしく、その結果、漢字では「五郎」と書かれることも多くなる。

わたしがゴウラ、ゴウロと五郎とに関連があるのではと思いはじめたのは、

・山形県西置賜《にしおきたま》郡小国町今市の五郎三郎《ごろうさぶろう》沢

へ入渓したときからである。もう四〇年も前のことで、わたしはイワナ釣りに、この沢（荒川水系女《おんな》川の支流）を目指したのだった。

ところが、五郎三郎は巨岩ばかりが累々と重なる沢であり、ほとんど水面が見えないほどであった。結局、女川の本流へ出ないと釣りにならなかったことをおぼえている。この経験によって、五郎とゴ

ウロとを結びつけて考えるようになったのである。

しかし、そうだとしたら、あとにつづく三郎とは何のことだろうか。これはたぶん、「ゴロウサワ」のサワが前の五郎に影響されて三郎に転訛したのではないかと思う。その下に付いた「沢」は、のちの付加の可能性が高い。

なお、五郎丸という地名と姓があるが、これはゴウロとは関係がない。五郎丸は「五男坊」の意で、中世土豪の五男が何らかの権利を有していた土地を指し、その姓は、そこを名乗りにしたものである。

• 山口県宇部市奥万倉《おくまぐら》字黒五郎《くろごろう》

は、五郎の地名と、これ以上はないくらい典型的なゴウロ地形とが密接につながる場所だといえる。

黒五郎は、美祢《みね》市街南東の山中に位置する、ごく小さな集落だが、ここから八〇〇メートルばかり西に「万倉の大岩郷」と呼ばれる大岩塊群がある。そこでは山の斜面に長さ一一〇メートル、幅三〇—四〇メートルにわたって、ひとかかえ以上もある、無数の黒っぽい巨石がひしめき合いながら流れ下るかのように重なり合っている。

それは、ちょっと比類がないほどの奇観を呈しており、昭和十年（一九三五）に国の天然記念物に指定された。もともとは、これを「クロゴウロ（黒いゴウロ）」と称していたろう。

地名は、しばしば地形や地物の特徴にもとづいて付けられるが、のちには近くの集落の名に採用されることが少なくない。というより、集落名の大半は、これだといっても過言ではあるまい。

万倉の大岩郷の近辺には、人は全く住んでいない。それで、やや離れているとはいえ、最寄りの集落にクロゴウロまたは訛ってクロゴロウの名が移動するとともに、「黒五郎」の文字が当てられるようになったのだと思われる。

岩塊群は現在は、黒五郎ではなく「大岩郷」と呼ばれている。このオオイワゴウも、オオイワゴウ

山口県宇部市の黒五郎集落（右下）と「万倉の大岩郷」は至近にあることがわかる。5万分の1地図「厚狭（あさ）」より。

ロの最後の音が脱落した名ではないか。岩場に「郷」は似つかわしくないからである。

話がややそれるが、「岩合《いわごう》」（動物写真家の岩合光昭氏など）「岩郷《いわごう》」という姓の人がいる。インターネットに公開されている「日本姓氏語原辞典」によると、かなり珍しい姓ながら、いずれも高知県にもっとも多く分布するという。とくに後者では、他を圧して突出しているらしい。

柳田國男は『地名の研究』の中で、

〈土佐には、ことにゴウロという地名が多い。中国ことに長門（山口県の北西部＝引用者）にもたくさんあるから、かの地の人は地形を熟知しているであろう〉

と述べている（「強羅」の項）。

イワゴウは右の大岩郷などの例から考えても、イワゴウロの末尾音が脱落した可能性が高く、そうだとしたら、「岩合」「岩郷」姓の分布が高知県に多いことと、柳田の指摘とは関係があるのではないか。日本人の姓の種類は全部で一五万とも二〇万ともいわれているが、その八割以上が地名によっているからである。

• 長野県大町市と富山市にまたがる野口五郎岳（二九二四メートル）

は、高瀬川（千曲川＝信濃川水系犀《さい》川の支流）の支流、五郎沢の源頭上部にそびえており、沢の名が山の名になったのであろう。逆ではないかと思われる方もいるかもしれないが、通常、生活により密着している沢の名がまず付けられ、それが山名に転じるものである。高瀬川を下ると、大町市平に野口という集落があるので、冠称の野口が、これによっていることはいうまでもない。

• 富山市と岐阜県高山市、同県飛驒市境の黒部五郎岳（二八四〇メートル）

は、黒部川の支流、五郎沢のどん詰まりの上に位置している。これも、やはり沢の名が山名に転用されたのである。もとは単にゴウロ山、ゴロウ山といっていたろうが、近くのゴウロ山（野口五郎岳）と区別するため黒部が冠せられたことになる。

これらの五郎沢が、前述の、

・山形県鶴岡市大鳥のゴウラ沢

と同趣旨の名であることは改めて記すまでもない。

おわりに

柳田國男の『地名の研究』が古今書院から出版されたのは、昭和十一年（一九三六）のことである。わたしが、この本の角川文庫版を手にしたのは、いまから半世紀余り前であった。以来、折りにふれては読み返して今日に至っている。こんなに親しんだ本は、わたしにはほかにない。

読むだけではなく、わたしは柳田のまねをして、自分なりの地名研究をつづけてきた。といっても、それは所詮、好事家の道楽のようなものであり、それによって得た知見がいつの日か書物になるとは想像も期待もしていなかった。

ところが、二〇一〇年に当時、河出書房新社の企画編集室長だった西口徹氏の了解を得られ、『日本の地名』と題した拙著を同社から上梓していただけたのだった。運がよかったというしかない。それから、もっぱら地名をテーマにした本にかぎっても、二、三年に一点くらいの割合で同じ出版社から出していただき、わたしの地名本としては本書が六点目になる。これは望外の幸運であった。

卑見では、地名学はフィールドワークの学問である。地名を扱った本の中には、机上の考察のみで書かれたとしか思えないものも少なくないが、これだと結局、言葉いじくりに終わってしまいがちになる。その例は、本文でも挙げておいた。

本書で取上げた地名の数は多くはないが、すべて現地取材をもとにしている。わたしが、この作業で指摘したかったのは、数少ない地名の由来を語ることより、むしろフィールドワークの実際を示すことにあったと受け取っていただいてもよい。

わたしは間もなく八〇歳になる。右の信念からいえば、現地を歩けなくなったら、地名研究から撤退するほかない。いまのところは、まだまだあと一、二点は、と自らに言い聞かせてはいるが、いつそうなってもおかしくはない年になってしまった。しかし、本書を上梓できそうな見通しが立って、まあ、それでもいいかという気もしている。

最後になったが、西口氏をはじめ、本書の編集作業に当たられた皆さまに、この場をお借りしてあつくお礼申し上げます。

令和六年春　著者識

*この作品は書き下ろしです。

筒井 功

（つつい・いさお）

1944年、高知市生まれ。民俗研究者。元・共同通信社記者。著書に『漂泊の民サンカを追って』『サンカの真実 三角寛の虚構』『サンカ社会の深層をさぐる』『風呂と日本人』『葬儀の民俗学』『日本の地名』『新・忘れられた日本人』『サンカの起源』『猿まわし 被差別の民俗学』『東京の地名』『ウナギと日本人』『「青」の民俗学』『殺牛・殺馬の民俗学』『忘れられた日本の村』（のち増補版）『日本の「アジール」を訪ねて』（のち『漂泊民の居場所』と改題して増補版）『アイヌ語地名と日本列島人が来た道』『賤民と差別の起源』『村の奇譚 里の遺風』『差別と弾圧の事件史』『アイヌ語地名の南限を探る』『利根川民俗誌』『忍びの者 その正体』『縄文語への道』『近代・東北アイヌの残影を追って』などがある。第20回旅の文化賞受賞。

日下を、なぜクサカと読むのか

地名と古代語

二〇二四年 五 月三〇日 初版発行
二〇二四年一〇月三〇日 4刷発行

著 者――筒井 功
発行者――小野寺優
発行所――株式会社河出書房新社
〒一六二-八五四四
東京都新宿区東五軒町二-一三
電話
〇三-三四〇四-一二〇一〔営業〕
〇三-三四〇四-八六一一〔編集〕
https://www.kawade.co.jp/

組 版――株式会社ステラ
印 刷――モリモト印刷株式会社
製 本――小泉製本株式会社

ISBN978-4-309-22921-8
Printed in Japan

筒井 功・著

縄文語への道

古代地名をたどって

地名から縄文語へ遡る！
アオ（青）、アワ（淡）、クシ（串、櫛）、
ミ（三）、ミミ（耳）の五語は、
確実に縄文語であることを示し、
そこから派生していくキ（城、柵、木）、
シマ（島）、御崎、耳取、鳥居などの
場所にまつわる言葉に遡っていく、
地名実証の研究調査紀行。

河出書房新社